中国证券分析师与资本市场信息效率

基于公司间经济关联的视角

CHINESE SECURITIES ANALYSTS AND CAPITAL MARKET INFORMATION EFFICIENCY:
FROM THE PERSPECTIVE OF INTER-FIRM ECONOMIC LINKAGES

易彪 向雪漫◎著

经济管理出版社
ECONOMY & MANAGEMENT PUBLISHING HOUSE

图书在版编目（CIP）数据

中国证券分析师与资本市场信息效率：基于公司间经济关联的视角 / 易彪，向雪漫著. -- 北京：经济管理出版社，2024. -- ISBN 978-7-5096-9999-7

Ⅰ. F832.51

中国国家版本馆 CIP 数据核字第 2024FL8372 号

组稿编辑：张馨予
责任编辑：张馨予
责任印制：张莉琼
责任校对：王淑卿

出版发行：经济管理出版社
（北京市海淀区北蜂窝 8 号中雅大厦 A 座 11 层　100038）
网　　址：www.E-mp.com.cn
电　　话：（010）51915602
印　　刷：唐山玺诚印务有限公司
经　　销：新华书店
开　　本：720mm×1000mm/16
印　　张：11.25
字　　数：183 千字
版　　次：2025 年 4 月第 1 版　　2025 年 4 月第 1 次印刷
书　　号：ISBN 978-7-5096-9999-7
定　　价：98.00 元

前 言

上市公司之间在多个维度有经济联系，如行业、产品市场、地理位置、供应链、技术空间等。关联公司受到很多共同信息冲击，对公司之间经济联系以及公司之间共同信息传递的认识，既有助于更深刻地理解经济运行方式、评估金融市场有效性，又有助于投资者分配资产和管理风险，还有助于公司参照同伴行为制定决策。常用的上市公司之间经济联系是行业或地理位置，属于离散变量，无法衡量公司之间经济联系的强度。同时，从单一维度（如行业或地理位置）刻画公司之间经济联系会遗漏公司之间其他维度的联系，而其他维度经济联系的数据较难获取。例如，公司的供应链信息，尽管中国证券监督管理委员会（以下简称证监会）鼓励上市公司分别披露前5名客户名称和前5名供应商名称，但多数公司更倾向于不披露或者隐瞒前5大客户和供应商名称。

近年来，文献提出了一种基于分析师群体跟踪行为的“群体智慧”（Wisdom of crowds）方法来识别经济关联的同伴公司（Peer firms），即：分析师倾向于跟踪经济关联公司，认为同一个分析师跟踪的多只股票之间存在经济联系或基本面相似性，而两只股票之间的共同分析师人数则代表了经济联系强度。这些研究进一步发现，共同分析师同伴公司的同质性平均高于行业分类方法。

面对A股市场上公司之间经济联系数据较难获取的现状，本书探究了共同分析师跟踪识别同伴公司的方法是否适用于A股市场，并在此基础上探究了经济关联公司之间共同信息产生与传递相关的两种收益率现象：领先-滞后效应与股价联动效应。

本书的创新与贡献主要有以下四个方面：

第一，本书首次提供了A股市场上共同分析师领先-滞后效应、技术领先-

滞后效应、地理领先-滞后效应的实证结果。对领先-滞后效应的研究加深了对关联公司之间共同信息传递以及金融市场信息有效性的理解。结果表明，A 股市场中存在多种显著的领先-滞后效应，需要控制 A 股市场上领先-滞后效应的研究者应该优先选择控制共同分析师领先-滞后效应。对领先-滞后效应形成机制的检验丰富了错误定价引起资本市场异象的证据。

第二，发现共同分析师跟踪能增强股价联动性，这补充了股价联动效应影响因素的国内文献。本书研究发现，分析师会提供跟踪组合特质信息，而以往关于分析师报告信息属性的国内研究只关注了市场和行业层面信息以及公司特质信息，因此结果有助于更全面地理解分析师报告的信息属性。本书除了验证跟踪组合特质信息溢出假说在 A 股市场是否成立，还提出并检验了共同分析师增强股价联动性的另一途径，关联信息扩散假说。对这一假说的检验表明分析师提升股价信息有效性的一种途径是共同分析师加速关联公司之间共同信息的传递。

第三，以往的国内文献多关注公司个体特征对分析师行为的影响，鲜有文献研究公司之间的经济联系对分析师行为的影响。本书补充了这一视角的研究。发现公司之间技术相似性会影响分析师跟踪组合构成决策，并且这种影响可以跨越传统行业界限，丰富了国内文献对分析师跟踪决策的研究，有助于更好地理解分析师跟踪行为。

第四，本书比较了共同分析师方法与行业分类方法识别同伴公司的同质性差异。尽管国内文献对公司行为同伴效应的研究较多，但是尚未发现系统性讨论同伴公司识别方法优劣的研究。结果表明共同分析师跟踪作为一种识别多种经济联系的方法，同质性表现平均优于行业分类方法，这表明同伴效应不限于同行业内，对公司行为同伴效应的研究应该考虑跨行业的同伴效应。探究识别同伴公司的方法有助于研究者开展更稳健全面的同伴效应研究。

目　录

1 导论

1.1 研究问题的提出

自改革开放以来，我国经济历经了 40 余年的长足发展，成为世界第二大经济体，发展速度举世瞩目。上市公司作为中国经济的支柱力量，存在多种经济联系，最常见的是行业联系。由于我国上市公司普遍采用多元化经营战略，传统的行业联系不足以刻画公司多元化经营带来的复杂公司间联系。同时，在当今知识型经济下，企业以新的方式组织其资本，提供的服务与商品跨越了传统行业边界。例如，最初以社交软件和游戏为主业的腾讯、最初以电子商务为主业的阿里巴巴、最初以通信设备为主业的华为、以网络搜索引擎为主业的百度等在竞争基于云计算的商业数据分析、云存储等业务。除了行业联系，公司之间还存在多种其他经济联系，如重要的供应链联系。例如，智能设备及物联网提供商闻泰科技，摄像头模组提供商欧菲科技属于不同行业，但都是小米手机核心供应商，都会受到小米手机市场行情变动的影响。

然而，目前能够刻画上市公司之间经济联系的数据较难获取。以供应链信息为例。尽管中国证监会鼓励上市公司分别披露前 5 大客户名称和前 5 大供应商名称，但多数公司倾向于不披露或者隐瞒客户和供应商名称。根据 CSMAR 提供的数据，2002~2019 年上市公司披露的 78545 条前 5 大供应商数据中，只有 26205 条披露了具体的公司名称，其中仅有 1024 条是上市公司；2002~2019 年上市公司披露的108649条前5大客户商数据中，只有45133条披露了具体的公司名称，其中仅有2068条是上市公司。数据的不可得会限制投资者捕捉公司之间经济联系的能力。从单一维度如行业联系刻画公司之间的经济联系又会遗漏公司之间其他维度的联系。同时，行业联系是离散的，无法衡量公司之间经济联系的强度。

近年来，文献提出了一种基于投资者群体行为或分析师群体行为的“群体智慧”（Wisdom of crowds）的方法来识别经济关联的同伴公司。Lee等（2015）和Lee等（2016）基于投资者上网搜索数据识别同伴公司，认为同一个投资者搜索的多只股票之间存在经济联系或相似的基本面；而Kaustia和Rantala（2015）、Lee等（2016）、Kaustia和Rantala（2020）使用分析师盈利预测数据识别同伴公司，认为同一个分析师跟踪的多只股票之间存在经济联系或基本面相似性。这些研究发现这两种方法识别的同伴公司的同质性平均高于行业分类方法。但投资者上网搜索这些数据较难获取，而分析师盈利预测数据公开可得。因此，就数据的可得性而言，共同分析师跟踪方法更为实用。

共同分析师跟踪识别同伴公司方法的可行性来自于文献中记载的分析师倾向于跟踪存在经济联系或基本面相似的公司。文献对分析师跟踪决策的研究很多，但大多讨论公司个体特征对公司跟踪分析师人数的影响。一部分学者关注公司之间经济联系或基本面相似性对分析师跟踪组合构成决策的影响，发现分析师倾向于跟踪同行业的公司（Michaely and Womack，1999；Boni and Womack，2006；Sonney，2007；Kini et al.，2009）、供应链关联的公司（Guan et al.，2015；Luo and Nagarajan，2015）、地理邻近的公司（O'Brien and Tan，2015；Jennings et al.，2017）、技术相近的公司（Tan et al.，2019）、关联交易的公司（罗棪心等，2020）。Brown等（2015）对分析师的问卷调研发现，公司之间的相似性是分析师跟踪组合构成的重要影响因素。这些研究集中于发达资本市场，对新兴市场研究较少。

面对A股市场上公司之间经济联系数据较难获取的现状，本书探究了共同分析师跟踪识别同伴公司的方法是否适用于A股市场，并在此基础上探究了经济关联公司之间共同信息产生与传递相关的两种收益率现象：领先-滞后效应与股价联动效应。

领先-滞后效应（Lead-lag effect），在某些研究中也称为跨资产动量效应

（Cross-asset momentum effect）或动量溢出效应（Momentum spillover effect）①，是指领先公司股票收益率能预测滞后公司股票收益率的现象。经济关联公司受到很多共同的信息冲击。由于投资者和分析师受到有限注意、市场摩擦或者利益动机有关偏差的影响，对共同信息处理和传递不及时，导致共同信息并不是同时反映在关联公司股价中，而是在关联公司之间缓慢传递，信息在一部分公司股票价格中先反映出来（领先公司），一段时间后才被吸收进另部分公司股票价格中（滞后公司），因此观察到领先公司股票收益率对滞后公司股票收益率具有预测能力。

关于领先-滞后效应的研究很丰富。早期文献发现按照公司个体特征分组后，高低组股票收益率之间存在领先-滞后效应，如公司规模（Lo and MacKinlay，1990；刘煜辉和熊鹏，2004）、跟踪分析师人数（Brennan et al.，1993）、机构持股比例（Badrinath et al.，1995）、交易量（Chordia and Swaminathan，2000；刘煜辉和熊鹏，2004；马超群和张浩，2005）。文献还发现了基于各种公司间经济联系的收益率领先-滞后效应，如行业动量效应（Moskowitz and Grinblatt，1999；樊澎涛和张宗益，2006；Su，2011）、龙头股与跟随股领先-滞后效应（宋逢明和唐俊，2002）、客户动量效应（Cohen and Frazzini，2008）、供应商行业动量效应和客户行业动量效应（Menzly and Ozbas，2010；Li et al.，2020）、复杂公司和单一公司之间的领先-滞后效应（Cohen and Lou，2012）、战略同盟领先-滞后效应（Cao et al.，2016）、技术动量效应（Bekkerman and Khimich，2017；Lee et al.，2019）、地理动量效应（Parsons et al.，2020）、共同分析师动量效应（Ali and Hirshleifer，2020）。

文献中关于经济关联公司之间收益率领先-滞后效应的研究集中于发达资本市场，对新兴市场关注较少。一个可能的原因是新兴市场上公司间经济联系数据较难获取。但我国资本市场的某些特征暗示着我国股市上收益率领先-滞后效应可能较强。我国股市投资者以散户投资者为主，中国证券投资者保护基金有限责任公司发布的《2019 年度全国股票市场投资者状况调查报告》显示，截至 2019 年 12 月 31 日，全国股票投资者数量为 1.60 亿，其中自然人投资者占比 99.76%。散户投资者信息收集与处理能力较弱，受到有限注意等行为偏差影响

① 在后文表述时交替使用领先-滞后效应和动量效应。

较大，无法及时、充分地对关联信息做出反应。此外，我国证券分析师出于利益动机发布有偏报告的事件层出不穷，将阻碍共同信息及时充分传递到关联公司的股价中。

另外，A 股市场上散户投资者的过度交易可能使得无法观察到月度频率的领先-滞后效应。领先-滞后效应在某些文献中又称为跨资产动量效应，与个股动量效应类似，都是关于收益率可持续性的现象，只是前者是两只股票之间的，而后者是单只股票自身的。大量文献记载，月频个体动量效应这一美国市场上非常显著的资产定价异象，在中国市场上并不显著（鲁臻和邹恒甫，2007；潘莉和徐建国，2011；高秋明等，2014；Hsu et al.，2018；Liu et al.，2019）。一个可能的解释是我国股市中股价对信息的调整周期更短（Hsu et al.，2018），这与我国市场上散户投资者贡献了大部分交易量以及其交易频率是美国市场投资者 4 倍是一致的（Chen et al.，2007）。那么，散户投资者的过度交易能否加速共同信息在关联公司之间的传递从而使得领先-滞后效应消失呢？这或许也是国内文献对领先-滞后效应记载较少的一个原因。

为了检验 A 股市场上是否存在领先-滞后效应，本书将使用共同分析师来识别经济关联公司，并检验同伴公司收益率是否对目标公司未来收益率具有预测能力。除了探究共同分析师领先-滞后效应，本书还将继续从共同分析师跟踪这一视角，探究另外一只股票间收益率现象，即股价联动效应。股价联动效应指不同股票价格的同涨同跌现象。特别地，探究共同分析师跟踪对股价联动效应的增强。分析师作为重要的信息中介，是沟通公司与投资者的桥梁，收集和再加工各种信息，生成盈利预测、投资评级等研究报告向投资者传递信息影响投资者行为。以往关于分析师报告信息属性的文献集中于讨论分析师提供更多的是公司特质信息还是市场和行业层面信息，更多的公司特质信息会降低公司股价与市场收益率的联动性。实际上，分析师也能通过强调公司之间的共性以增强投资者感知到的两家公司受到共同经济冲击影响的程度，进而增强两只股票间的收益率联动。

这与前文提到的分析师跟踪经济关联公司的动机一致。分析师跟踪经济关联公司，能通过提供共同信息同时满足多只股票上的投资者需求，降低平均的信息收集与处理成本。分析师跟踪组合内多只股票的共同信息在文献中被称为跟踪组合特质信息（Coverage-specific information）（Muslu et al.，2014）。如前文所述，分析师会根据多种经济联系决定跟踪组合构成，而不限于同行业内，因此跟踪组合特质信息不同于行业层面信息。文献对分析师提供跟踪组合特质信息的研究只讨论了发达资本市场。

除了通过提供跟踪组合特质信息增强股价联动，分析师还能通过加速共同信息在关联公司间传递而增强股价联动，因为对共同信息吸收速率相近的股票股价联动性更强（Barberis et al.，2005）。以往文献多研究分析师促进信息吸收到单个公司股价中使得信息更加有效，鲜有文献关注关联公司间共有的分析师对关联信息吸收的促进作用。Parsons 等（2020）认为股票能否及时对共同信息冲击做出反应取决于与同伴公司共有的分析师人数，但他们没有提供直接的证据。本书将从共同分析师对关联公司之间共同信息加速传递作用这一视角探究共同分析师跟踪对股价联动性的影响。

1.2 研究意义

第一，本书补充了 A 股市场领先-滞后效应的证据。已有研究发现了 A 股市场上存在行业动量效应、龙头股效应、供应商行业动量效应和客户行业动量效应，而本书首次提供了共同分析师动量效应、地理动量效应、技术动量效应的证据。本书的结果表明：尽管 A 股市场上存在多种显著的领先-滞后效应，但需要控制 A 股市场上领先-滞后效应的研究者应该优先选择控制共同分析师领先-滞后效应。基于不同维度经济联系的领先-滞后效应加深了对 A 股市场上公司关联的理解。

第二，本书探究了收益率领先-滞后效应背后的机制，发现领先-滞后效应来源于共同信息滞后传递引起的错误定价，丰富了对于错误定价引起资产定价异象的证据。本书从公司之间关联信息传递的视角探究了投资者有限注意、分析师缓慢信息传递行为对公司信息环境的影响，丰富了对投资者和分析师这两类证券市场参与主体行为的认识。

第三，对股价联动效应的理解有助于投资者分散化投资、控制风险以及监管者稳定市场。本书发现共同分析师通过提供跟踪组合特质信息以及加速组合内关联信息传递两种途径，一种途径是增强股价联动性，补充了股价联动影响因素的国内文献。从共同分析师跟踪的角度，探究了共同信息产生与加速传递对股价联动的影响，有助于投资者和监管者更好地理解股价联动效应。除了验证跟踪组合特质信息溢出假说在A股市场是否成立，本书还提出并检验了共同分析师增强股价联动性的另一途径是关联信息扩散假说。对这一假说的检验表明共同分析师可以加速共同信息在关联公司之间的传递，这也为Parsons等（2020）认为的“股票能否及时对共同信息冲击做出反应取决于与同伴公司共有的分析师人数”提供了直接的证据。

第四，已有研究大多关注公司个体特征对分析师跟踪决策的影响，对公司之间经济联系如何影响分析师跟踪行为的研究较少，且集中于发达资本市场。本书探究了A股上市公司之间经济联系对分析师跟踪决策的影响，为国内文献补充了一个不同视角的研究，同时也回应了Beyer等（2010）关于开展更多对分析师跟踪组合构成决策研究的呼吁。我国股市中大量的散户投资者由于有限的信息搜索和处理能力，依赖于证券分析师这一专业的信息中介传递信息，对分析师跟踪组合构成的研究有利于投资者更好理解分析师行为。

第五，识别同伴公司有助于投资者对公司估值，也有助于公司参照同伴行为更好地制定公司决策，但目前相关数据的可得性较差。本书的研究结果表明，共同分析师跟踪捕捉了多种公司之间经济联系，并且可以跨越传统的行业界限，识别的同伴公司同质性高，是一种较好的办法。

第六，以往关于分析师研究报告信息属性的国内文献，集中讨论分析师提供更多的是公司特质信息还是市场和行业层面信息这一问题。这是由于其研究视角专注于单个公司。而本书基于分析师跟踪组合构成的视角，提供了分析师报告中包含跟踪组合特质信息的证据，丰富了关于分析师报告信息属性的研究。

1.3 研究内容和研究框架

本书基于分析师倾向于跟踪经济关联公司，使用共同分析师方法识别同伴公司，探究了A股市场上经济关联公司之间的收益率领先-滞后效应与股价联动效应。全书总共分为六章，研究思路和各章内容如下（见图1-1）：

第1章是导论。主要介绍本书的研究背景与研究意义、研究内容与框架。

第2章是文献综述。依次回顾了公司个体特征与分析师跟踪决策、公司之间经济联系与分析师跟踪组合构成决策、同伴公司识别、领先-滞后效应、分析师报告的市场反应、分析师报告的信息含量、股价联动效应相关文献，并对已有文献进行了文献述评。

本书的第一个实证章节（第3章）为后续实证内容的基础，旨在说明使用共同分析师跟踪识别同伴公司这一方法的合理性。选取了公司之间技术相似性这一维度，探究公司之间经济联系与分析师跟踪组合构成决策的关系。作为连续变量，技术相似性可以衡量公司之间技术联系强度。企业的技术创新对公司短期盈利和长期生存至关重要，因此是分析师盈利预测以及估值的重要参考因素。同时，技术相近的公司之间存在技术外溢效应，面临很多共同的挑战和不确定性，互相竞争研究资金和技术人员。而分析师跟踪经济关联公司，能利用关联公司之间的共同信息同时满足多只股票的投资者对分析师研究服务的需求，降低信息收集与处理成本。

结果表明，当目标公司与分析师跟踪组合中其他公司技术更相近时，分析师持续跟踪（Continue coverage）、首次跟踪（Initial coverage）以及在公司IPO以后跟踪（IPO coverage）的可能性更大，并且会提供更及时的研究报告。进一步区分了同行业技术相似性和跨行业技术相似性，发现技术相似性对分析师跟踪组合构成决策的影响可以跨越传统的行业界限。在验证了A股市场中分析师倾向于跟踪经济关联公司的基础上，使用共同分析师跟踪识别同伴公司（同一个分析师跟踪的多个公司被认为是同伴公司）公司之间的共同分析师人数代表公司之间的关联强度，并与证监会行业分类方法、申万行业分类方法比较识别的同伴公司同质性，发现平均而言共同分析师跟踪方法识别的同伴公司同质性更高。

在第 3 章的基础上，第 4 章检验了共同分析师同伴公司之间共同信息缓慢传递引起的收益率领先-滞后效应。使用排序组合法、Fama-MacBeth 截面回归方法，发现共同分析师同伴公司收益率对目标公司未来收益率具有显著的预测能力。做多共同分析师同伴公司收益率高的股票、做空共同分析师同伴公司收益率低的股票构建的多空组合在未来能产生显著的月度超额收益。共同分析师领先-滞后效应不同于行业、地理、技术、客户行业、供应商行业领先-滞后效应，也无法用其他几个重要的横截面收益率决定因素解释。本章进一步探究了共同分析师领先-滞后效应的形成机制，结果表明，共同分析师领先-滞后效应来源于关联信息缓慢传递引起的错误定价。复杂的信息处理任务、投资者有限注意、分析师滞后信息更新会加重关联信息的缓慢传递，而基金共同持股能加速信息传递。同伴公司收益率包含目标公司未来基本面信息。在业绩公告日，大量信息的释放修正了投资者之前的错误估值，引起更显著的领先-滞后效应。还发现投资者对同伴公司的有形信息可及时充分地做出反应，而对无形信息反应存在滞后。

第 5 章探究了经济关联公司之间共同信息产生与加速传递引起的股价联动。特别是关注共同分析师跟踪对股价联动的增强效应。检验了两种可能的影响途径，即跟踪组合特质信息溢出假说和关联信息扩散假说，这两种影响途径与前面两章实证内容紧密相关。对跟踪组合特质信息溢出假说的检验表明分析师报告释放了跟踪组合的共同信息，这与第 3 章中认为的分析师跟踪经济关联公司的动机在于可以利用共同信息同时满足多只股票的投资者需求是一致的。更多跟踪组合共同信息的释放会增强投资者感知到的两只股票受到共同经济冲击影响的程度，进而增强股价联动性。关联信息扩散假说则与第 4 章发现的共同分析师同伴公司之间存在关联信息的滞后传递相联系。具体地，比较了分析师对跟踪组合内外关联信息加速传递作用的差异，发现分析师很大程度地加速了跟踪组合内的关联信息传递，使得跟踪组合内股票对共同信息吸收速率趋同，而对共同信息吸收速率相近的公司股价联动性更强。股票之间共同分析师比例越高时，两只股票同时处于更多分析师的跟踪组合中，此时共同信息吸收速率的趋同效应越强。在验证了这两种途径的基础上，发现共同分析师跟踪能增强股价联动，并利用沪深 300 指数调整事件作为外生冲击在一定程度上缓解了内生性问题。

第 6 章是研究结论、启示与展望。总结本书的主要研究结论与启示，分析不足之处，并对后续研究提出展望。

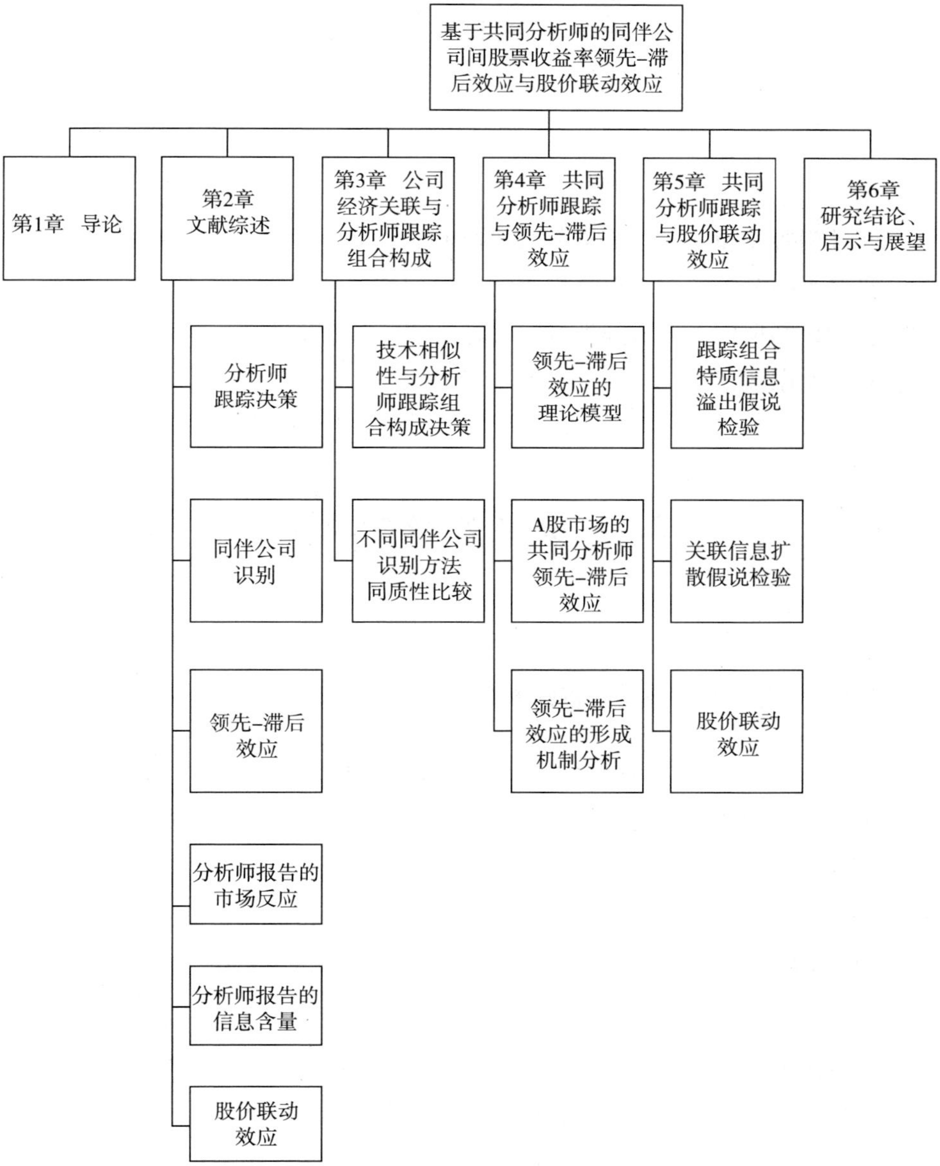

图 1–1　研究内容和研究框架

2 文献综述

与实证内容顺序一致，本章依次回顾单个公司特征与分析师跟踪决策、公司之间经济联系与分析师跟踪组合构成决策、同伴公司识别、领先-滞后效应、分析师报告的市场反应、分析师报告的信息属性、股价联动效应相关文献，对已有文献进行了文献述评。

2.1 分析师跟踪决策

2.1.1 公司个体特征与分析师跟踪决策

Bhushan（1989）系统性分析了公司特征与分析师服务需求和供给之间的关系，认为分析师服务需求与供给共同决定了均衡情况下的跟踪分析师人数，并发现分析师倾向于跟踪机构持股比例更大、规模更大、收益率波动性更大、股票收益与市场收益相关度更高的公司，而更少跟踪内部人持股比例高和业务复杂的公司。O'Brien 和 Bhushan（1990）在 Bhushan（1989）的基础上，使用联立方程模型探究了分析师跟踪人数与机构投资者持股比例的变化。他们发现同时考虑分析师与机构投资者决策时，以往文献中发现的分析师跟踪人数与公司规模之间的正相关关系消失了；他们还发现分析师跟踪人数与行业发展正相关。Alford 和 Berger（1999）发现交易量与分析师跟踪人数正相关，这可能是由于高交易量能使券商获得更多的交易佣金。Barth 等（2001）研究了公司无形资产与分析师跟踪决策的关系。相对于有形资产，无形资产的信息不对称程度更加严重，因此分析师挖掘私有信息的收益更大，但是无形资产的信息挖掘成本更高。他们发现分析师跟踪人数与公司无形资产，即研发支出和广告投入正相关，由于分析师在考虑跟踪决策时会综合考虑跟踪该公司的收益与成本，结果表明无形资产与净收益正相关。他们还发现跟踪分析师人数与公司低估程度正相关，这与 Rajan 和 Servaes（1997）的发现是一致的。Jegadeesh 等（2004）发现分析师偏好跟踪那些表现更耀眼的股票，如规模更大、成长性更好、过去收益率更高、成交量更大的股票。

此外，公司的发展前景也影响分析师跟踪决策。McNichols 和 O'Brien（1997）发现分析师更可能跟踪那些发展前景好的公司，而停止跟踪那些发展前景不好的公司。这可能是分析师利益动机引起的。当公司发展前景不佳时，如果分析师发布不利评级，可能会损害其与公司管理层之间的关系，从而使得分析师通过公司管理层交流途径获取信息成本提高，为所在券商带来公司投融资业务的机会降低；但此时分析师也不会转而发布过度乐观评级以避免损害其声誉和提高离职概率。相反地，发展前景好的公司未来可能进行更多的资本市场活动如再融资等能给分析师带来更多佣金收入。因此，分析师会选择性地跟踪那些未来发展前景好的企业，而终止跟踪前景不好的公司。Hayes（1998）也发现交易佣金动机会导致分析师跟踪预期表现好的公司。对于预期表现差的公司，卖空限制使得投资者无法产生大量的交易为分析师带来交易佣金收入。Das 等（2006）发现分析师会选择性地跟踪拥有较好发展前景的新上市公司。Jung 等（2014）利用分析师是否在公司的季度盈余电话会议发言来衡量分析师对公司的兴趣，分析师没有跟踪该公司但是在电话会议上发言表明分析师对该公司有兴趣，而分析师跟踪了该公司却保持沉默，表明分析师对该公司失去了兴趣。作者发现，分析师兴趣增长的公司未来基本面表现更好、资本市场活动更多、股票收益率更高。Lee 和 So（2017）将分析师跟踪分解成预期部分和非预期部分。其中，预期部分为公司市值、换手率以及价格动量，是可以解释的分析师跟踪部分，无法解释的部分则为非预期部分。使用非预期分析师跟踪对公司排序构建的多空组合策略能产生正的超额收益。并且，非预期跟踪也能显著预测公司的未来基本面表现，表明分析师倾向于跟踪未来预期表现更好的公司。

公司信息环境也会影响分析师跟踪决策。Lang 和 Lundholm（1996）基于 Bhushan（1989）模型中公司跟踪分析师人数是市场上对分析师服务需求与分析师服务供给同时决定的这一观点，分析了公司信息披露行为对分析师服务需求与供给的影响，认为：一方面，公司信息披露政策能更多地降低信息收集的成本，增加分析师供给进而增加公司跟踪分析师人数；另一方面，公司可能与分析师在信息披露方面处于竞争地位，公司信息披露代替了市场对于分析师提供信息的需求，可能减少公司跟踪分析师人数。他们发现，公司信息披露多少与跟踪分析师人数存在正向关系，表明分析师并不直接与公司构成竞争关系，公司信息披露是分析师信息来源的重要部分。Francis 等（1997）和 Healy 等（1999）发现，分析师能从与管理层直接交流或者公司披露中获取信息用于提升其预测表现，公司不披露信息可能减少分析师跟踪。Bushman 等（2004）通过跨国层面的分析发现信息披露质量（信息披露强度、及时性与监管）以及媒体信息扩散与分析师跟踪正相关。Arya 和 Mittendorf（2007）认为公司信息披露准确性会影响分析师跟踪该公司的收益从而影响其跟踪决策。

客户或潜在投资者对于分析师研究服务的需求是决定分析师跟踪决策的重要因素。Brown 等（2015）对分析师的问卷调查发现大部分分析师致力于满足大的机构投资者的需求，客户对于某个公司信息的需求是分析师决定跟踪该公司最重要的因素。Fernando 等（2012）指出机构投资者需要分析师报告的支持来获取投资人信任，他们发现了机构投资者持股比例与分析师跟踪人数之间的正向关系。Harford 等（2019）将分析师已跟踪组合内股票按照机构投资者持股比例排序，发现分析师更可能终止跟踪那些机构投资者持股比例低的公司。

总体而言，分析师在跟踪上市公司决策中会综合考虑潜在收益和信息收集与处理成本。Beyer 等（2010）指出信息获取成本是分析师跟踪决策的重要影响因素，公司特征会通过影响收益与成本而影响公司分析师跟踪人数。例如，公司自主信息披露既影响了市场对于分析师提供信息收集和解读服务的需求，也影响分析师信息收集成本。同时，满足投资者对于公司信息获取的需求能够为分析师所在券商带来更多的佣金收入以及提升其在明星分析师排名中的名次从而提升其收入和职业前景，因此投资者构成和特征也会影响跟踪分析师人数。

国内文献多利用公司跟踪分析师人数对公司特征进行回归来探究分析师跟踪

决策的公司特征影响因素。林小驰等（2007）研究了海外分析师跟踪 A 股上市公司的决策，发现海外分析师倾向于跟踪经营质量好、风险小、治理结构较好的公司。白晓宇等（2007）采用深交所信息披露考核以及是否按规定发布业绩预告来衡量公司信息披露质量，发现信息披露质量越高，跟踪分析师人数越多；还发现跟踪分析师人数与公司规模、股权集中度、审计师信誉、市场估值水平、盈利能力正相关，与盈余波动性负相关。蔡卫星和曾诚（2010）发现分析师关注度与公司多元化程度负相关，表明公司多元化程度越高、业务越分散，分析师信息收集和处理成本越高。王宇超等（2012）基于金牌分析师问卷调查报告探究了一系列分析师跟踪上市公司主要关注的因素，结果表明分析师倾向于跟踪规模大、机构持股比例高、投资者关系管理好的公司，而规避投资风险高、业务多元化程度高、内部人持股比例大的公司。冯旭南和李心愉（2013）探究了公司终极股权结构对分析师跟踪决策的影响，发现分析师倾向于跟踪那些终极控制人和股票投资者利益一致的公司以及那些机构投资者持股比例较高的公司。李建强（2015）发现高管变更事件会引起跟踪分析师人数增加。董望等（2017）的研究表明分析师倾向于跟踪内控质量更高的公司。杨有红和闫珍丽（2018）发现公司其他综合收益信息披露与跟踪分析师人数正相关。

2.1.2 公司之间经济联系与分析师跟踪组合构成决策

以上文献关注公司个体特征对分析师跟踪决策的影响。由于分析师跟踪多只股票，因此在选择跟踪公司时不仅考虑公司个体特征，还会考虑公司之间的特征。分析师可能会利用多只股票之间的信息溢出或互补效应来增加其信息获取收益，降低其平均信息收集成本。因此，分析师会综合考虑整个跟踪组合的构成，以此利用信息获取的协同效应（Information acquisition synergy）而不是只考虑单个公司的跟踪。

行业联系是公司之间最重要的经济联系之一。同行业公司在商业模式、经营业务、宏观条件、技术、增长机会方面有很多相似性，面临着相同的产品市场冲击。投资者、分析师、公司管理层会将同行业其他公司的信息吸收到他们的估值、盈利预测以及公司决策行为中（Foster，1981；Ramnath，2002；Durnev and Mangen，2009）。同行业公司之间存在信息溢出，分析师对于某一个行业的信息或知识能够运用到对该行业内其他公司的盈利预测中（O'Brien，1990；Hilary and Shen，2013）。Michaely 和 Womack（1999）、Boni 和 Womack（2006）、Sonney（2007）发现分析师专注于跟踪同一行业的公司。Kini 等（2009）研究表明分析师对行业的专注程度与行业内公司受到共同冲击程度正相关，并且行业专注能提升其预测表现。券商的组织架构也会影响分析师行业跟踪，大券商会雇用大量分析师跟踪多个行业，而小券商则专注于某一个行业或者某一种类型的公司，为客户提供更具深度的研究（Hong and Kubik，2003；Merkley et al.，2017）。

除了行业联系，其他维度的经济联系也会影响分析师跟踪决策。Clement 和 Tse（2005）、Boni 和 Womack（2006）以及 Sonney（2007）发现分析师经常会跟踪来自多个不同行业的公司。Kini 等（2009）认为分析师跟踪来自不同行业的公司可能使其监测到互补的信息来源，能利用不同来源信息之间的互补作用提升其预测表现。如供应链关联的公司之间存在直接的交易联系，面临类似的供需关系与技术冲击。供应链上的公司之间存在价值信息的溢出（Olsen and Dietrich，1985；Hertzel et al.，2008；Pandit et al.，2011）。Guan 等（2015）发现分析师倾向于跟踪存在供应链联系的公司以利用信息互补，同时跟踪了客户公司能提升分析师对供应商公司的盈利预测表现，并且这种表现提升与跟踪行业同伴公司带来的表现提升是相当的。Luo 和 Nagarajan（2015）也发现分析师倾向于跟踪供应链联系的公司。地理联系也影响分析师跟踪公司的选择。O'Brien 和 Tan（2015）发现相对于非本地公司，分析师有多出 80%的概率跟踪本地公司。Jennings 等（2017）认为当分析师跟踪非本地公司时面临着额外的信息收集成本。Tan 等（2019）发现分析师倾向于跟踪技术相似性更高的公司。

Brown 等（2015）对分析师的问卷调研表明分析师在考虑跟踪组合构成决策时，公司与分析师跟踪的其他公司之间的相似性是一个很重要的因素。Kaustia 和 Rantala（2020）认为除了行业联系以外，分析师的跟踪决策还考虑了其他的经济联系，如客户群体、商业模式、产业链上下游垂直联系；等等。分析师的研究能够用于提升对关联公司的预测质量，同时，关联公司之间受到共同经济冲击，从而跟踪关联公司能够利用公司之间的信息溢出和互补。除了信息互补效应，跟踪关联公司的一个优势在于通过挖掘和提供共同信息，分析师能同时满足经济关联的多个公司中投资者对于分析师研究服务的需求，从而提升信息总价值。Veldkamp（2006）提出的模型中，追逐利润最大化的信息中介机构以固定成本制造信息，信息的制造成本很高但是复制成本很低，因此，投资者对于那些既能帮助个股公司定价又能帮助关联公司定价的信息需求最高。信息中介机构，如分析师，会提供对于其跟踪组合总价值最大化的信息。跟踪经济关联公司，制造的信息有助于对分析师跟踪组合内多只股票进行估值，从而提升信息的收益。

国内学者鲜有关注公司之间经济联系如何影响分析师跟踪组合构成的研究，两篇相关文章发表在《会计研究》上。其中，刘永泽和高嵩（2014）探究了分析师行业专长对分析师预测准确性的影响，结果表明分析师行业专长与预测准确性正相关，分析师能从跟踪同一行业的公司中收益，但他们并没有直接探究行业关联与分析师跟踪决策；罗棪心等（2020）发现分析师更倾向于同时跟踪存在关联交易的公司，并且这种关系只存在于关联交易方属于同一行业的情况，跟踪关联交易双方能提升分析师预测表现。但是两篇文章研究的经济联系都局限于同一行业，尚无国内文献提供分析师倾向于跟踪跨行业经济关联公司的证据。

2.2 识别同伴公司

识别同伴公司既有实用价值又有研究价值。例如，同伴公司的相对估值水平（P/B、P/E 等）常被用作目标公司估值水平的参考（Bhojraj and Lee，2002）。学术研究中也通常用同伴公司的营业表现作为目标公司业绩的比较基准，例如，在公司金融评估 CEO 薪酬的文献中，为了区分公司业绩表现是归因于运气还是 CEO 努力，常需要用同伴公司的业绩表现作为对比（Gong et al.，2011；Jenter and Kanaan，2015）；在资产定价的文献中，常需要控制同时期同伴公司收益率以衡量相对于基准的超额表现（Barber and Lyon，1997；Daniel et al.，1997）。

行业分类是最常用的识别同伴公司的方法。在美国市场上，常用的行业分类方法有：美国证监会于 1937 年提出的根据公司基本商业活动划分的公司分类 SIC 码（Security Industrial Classification）；Fama 和 French（1997）重新组织了 SIC 码形成了 48 个行业分类，在金融研究中广泛使用；1997 年，美国 US Office of Management and Budget 提出了北美行业分类码 North America Industry Classification System（NAICS）试图替换 SIC；私人数据提供商的产品中最有名的是 Morgan Stanley Capital International and Standard & Poor's 提出的全球行业分类标准 Global Industry Classification Standard（GICS）。Bhojraj 等（2003）较早比较了几种行业分类方法识别的关联公司之间的同质性差异。利用同伴公司均值特征对目标公司特征的解释力度衡量同伴公司相似性，发现用 GICS 识别出的关联公司之间在收益率、估值比率、预期增长率、研发费用等方面的同质性要高于其他行业分类方法。Bhojraj 等（2003）比较同质性的方法也被后来识别同伴公司的文献广泛采用（Lee et al.，2015，2016；Kaustia and Rantala，2020）。Press 和 Krishnan（2003）发现 NAICS 识别的同伴公司相对于 SIC 同质性更高。Chan 等（2007）发现 GICS 识别的同伴公司相对于其他行业分类标准同质性更高。

同时，文献中也认识到了行业分类标准识别同伴公司的局限性和不足。由于公司多元化经营，对公司所处行业的认定在一定程度上依赖于自主判断。例如，Kahle 和 Walkling（1996）发现两个知名的数据库，Compustat 和 CRSP 对于同一个公司分配的 2 位 SIC 码有 36%的不一致，而 4 位 SIC 码则有超过 80%的不一致，Guenther 和 Rosman（1994）也发现了同样的结果。Fan 和 Lang（2000）指出行业分类标准是离散的，因此无法衡量公司之间联系的紧密程度，同时行业分类标准无法识别垂直产业联系。

在当今的知识经济中，有时候很难根据公司提供的产品与服务划分明显的界限。企业以新的方式结合人力与组织资本，突破了传统行业边界界限（Lee et al.，2016）。新兴的领域出现，而某些产业衰退消亡。即使是对于单个公司，也很难根据产品市场运营分类，一个直接的例子是美国市场上不同的数据提供商分配不同的 SIC 码给同一个公司，对于多元化程度高的公司的行业归属有很多自主决定的成分。公司之间的经济联系常跨越传统行业界限。Kaustia 和 Rantala（2020）认为，一个好的公司分类体系应该具有这些特征：首先，组内公司的同质性较高；其次，组内公司之间存在内在的经济联系；再次，对于经济环境、公司的变化应该能及时做出调整；最后，应该易于理解和容易使用，建立和维护分类方法的成本低。随着金融数据更加丰富和数据处理方式不断进步，文献提出了不同于行业分类标准的方法，如使用投资者访问美国证监会 EDGAR 网站的股票搜索数据识别被同一个投资者搜索的多个公司为关联公司（Lee et al.，2015，2016；Leung et al.，2016），或者使用共同分析师跟踪识别关联公司（Kaustia and Rantala，2015，2020；Lee et al.，2016）。由于这两种方法基于市场上大量投资者或者分析师活动来识别关联公司，因此也被称为“群体智慧”（Wisdom of the crowd）的方法（Lee et al.，2016）。此外，Hoberg 和 Phillips（2010）、Hoberg 和 Phillips（2016）以及 Hoberg 和 Phillips（2018）使用文本分析技术对美国上市公司 10-K 报告进行分析，测度了产品相似性，提出了不同于传统行业分类的关联公司识别方法。

Lee 等（2015）使用美国证监会电子数据收集、分析、提取网站（Electronic Data-Gathering，Analysis，and Retrieval，EDGAR）上的投资者搜索数据来构建股票之间的联系网络以及识别关联公司。投资者使用 EDGAR 上的公司基本面等信息来协助投资决策，而其中很重要的一步就是比较经济关联公司或者相似公司的基本面。因此，投资者搜索的公司之间并不是随机的，而是存在关联。定义投资者在搜索某公司后搜索的其他公司为该公司可能关联的公司，并且使用搜索了该公司后再搜索了另一个公司的人数衡量这种关联的强度，关联强度最高的数个公司为该公司关联公司。基于 Bhojraj 等（2003）的方法使用同伴公司均值特征对目标公司特征的解释力度衡量同质性，Lee 等（2015）发现基于投资者搜索记录识别出的关联公司在公司特征上很相近，在股票收益率联动、估值比率、成长性、研发投入、杠杆率、盈利能力等公司特征上同质性比 GICS 更高。并且，识别出的前 10 大关联公司只有 68%来自同一个行业，表明此种方法识别出的关联公司包含了多种经济联系，而不限于同行业内。

Leung 等（2016）使用 Yahoo！Finance 上的用户对 Russell 3000 指数股票的搜索数据，构建了一个股票之间的共同搜索网络，共同搜索强度反映了股票之间的连接强度。作者进一步识别出网络中互相不重叠的股票聚类，尽管这些股票聚类内的股票只占 Russell 3000 指数成份股的小部分，但是聚类内的股票收益率高度相关。即使在控制住对常见风险定价因子的暴露或者公司特征以后，这种高度相关性依然存在。作者指出，他们的发现与 Barberis 等（2005）的预测是一致的。共同搜索表示投资者关注了小部分股票，可能代表了他们的投资偏好，这小部分股票内部展现出收益率的超额联动。另外，共同搜索的股票可能有相近的信息扩散速度使得收益率存在协动。进一步的探究发现，投资者在共同搜索股票时，考虑了多种公司特征。聚类内其他同伴公司过去股票收益率能显著预测目标股票未来收益率。

通过分析师共同跟踪来识别关联公司是一种新颖的方法。由于分析师倾向于跟踪存在多种经济联系的公司，同一个分析师跟踪的两只股票被认为是享有共同分析师的同伴公司（Lee et al.，2015；Ali and Hirshleifer，2020；Kaustia and Rantala，2020）。共同分析师连接代表了分析师这一消息灵通、信息分析能力卓越的金融专业人士对于公司之间经济联系的观点。同时，由于分析师对信息的加速传递作用（Piotroski and Barren，2004；Muslu et al.，2014；Hameed et al.，2015；Israelsen，2016），共同分析师跟踪的公司收益率存在高度同步性。

Ramnath（2002）探究了分析师在跟踪的公司发布了盈利公告以后对他所跟踪的其他公司的盈利预测修正行为，较早使用了共同分析师来识别关联公司。Kaustia 和 Rantala（2020）系统性分析了共同分析师作为同伴公司分类方法的特征。基于 Bhojraj 等（2003）的方法，他们比较了共同分析师分类方法与其他多个行业分类方法以及 Hoberg 和 Phillips（2010）方法识别的同伴公司同质性的差异。他们用不同方法识别的同伴公司的平均特征对目标公司特征的解释力度来衡量同质性，发现在 180 个共同分析师方法与其他方法的比较中，共同分析师方法在 167 个（93%的）比较中表现更好；并且，相对于所有分类方法在某个公司特征上的最优表现看，平均来说共同分析师方法的表现接近最优表现的 93%，而其他方法只有 70%~84%。因此，共同分析师方法在识别同质公司上有了显著的提升。Lee 等（2016）也发现了分析师共同跟踪在识别同伴公司上的优异表现。

共同分析师识别同质公司方法的优异表现来源于分析师基于多种经济联系决定跟踪决策。分析师需要在多种经济联系之间做选择，例如，行业关联和地理关联往往不能同时取得，分析师需要权衡两者。共同分析师跟踪网络可以视为分析师在最小化信息获取成本下对公司之间经济联系经过优化与平衡后的测度（Kaustia and Rantala，2020）。同时，经济结构和行业边界在不断变化，公司特征也在变化，而分析师能够迅速动态地调整。例如，当有新公司上市（Das et al.，2006）或者集团公司解体时（Gilson et al.，2001），分析师会针对这些变化主动调整跟踪决策。

国内文献在一系列公司行为或特征上发现了同伴效应，如并购商誉（傅超等，2015）、并购决策（万良勇等，2016）、企业年金缴费（张东旭和徐经长，2017）、资本市场结构（钟田丽和张天宇，2017）、违规行为（陆蓉和常维，2018）、投资决策（李佳宁和钟田丽，2019，2020）、高管减持（易志高等，2019）、现金股利发放与否（王磊等，2021）。另外，唐雪松等（2019）发现会计信息可比性与薪酬契约有效性正相关，他们认为当会计信息可比性更高时，同伴公司的薪酬契约可以作为目标公司的良好对比，因此可以提高目标公司薪酬契约有效性。王磊等（2021）探究了行业同伴公司财务舞弊对公司投资决策的影响。尚无文献系统性探讨同伴公司识别方法的表现优劣。

2.3 领先-滞后效应

领先-滞后效应是一种重要的资产定价异象，指截面上相互关联的股票之间，收益率存在时间序列上的相互预测性。在某些文献中又称为互自相关性、跨资产可预测性、跨资产动量效应。

Lo 和 MacKinlay（1990）发现了截面上证券收益率存在领先-滞后现象（Lead-lag effect）。不同于个股收益率时序上的自相关性，也不同于截面上股票收益率之间的差异性，Lo 和 MacKinlay（1990）发现大市值股票收益率能正向预测小市值股票未来收益率，并且小市值股票组合收益率的可预测性要强于大市值股票收益率。非同步交易只能小部分解释收益率的领先-滞后效应，而信息的缓慢传递则更具有说服力。这种收益率预测能力是单向的，即小市值股票收益率对大市值股票未来收益率并没有显著的预测能力。

除了公司规模，文献还发现了按照其他公司特征排序的股票组之间收益率的领先-滞后效应。例如，Brennan 等（1993）按照跟踪分析师人数分组，发现在控制公司规模的影响以后跟踪分析师人数多的股票收益率领先于跟踪分析师人数少的股票，表明跟踪分析师人数多的股票对市场信息的反应更快。他们还发现分析师人数对信息传递的加速作用随着分析师人数增加而增强。Badrinath 等

（1995）按照机构投资者持股比例排序，发现在控制公司规模下，机构投资者持股比例高的股票收益率领先于机构投资者持股比例低的股票。Chordia 和 Swaminathan（2000）使用 Granger 因果检验，发现控制住公司规模后，交易量高股票的收益率对交易量低股票未来收益率具有预测能力。他们发现股票自身收益率的时序相关性和非同步交易不能解释领先-滞后效应，可能的解释是交易量低的股票吸收共同经济信息的速率要慢于高交易量的股票。

上述文献表明收益率领先-滞后效应来源于不同股票对共同信息反应速率的差异，领先公司股价更快地吸收共同信息，而滞后公司股价延迟地对共同信息做出反应。公司规模、跟踪分析师人数、机构持股比例、交易量被认为是公司信息调整速率的代理变量。公司规模与股价对信息调整速率的关系可能是因为公司市值与机构投资者数量有关系，或者因为公司规模与分析师人数有关（Brennan et al.，1993）。而分析师人数越多，公司吸收信息速率越高（Holden and Subrahmanyam，1992；Foster and Viswanathan，1993）。除此以外，Mech（1993）提供了一种交易成本的解释，认为交易成本会影响信息传递速率，当股票价值改变相对于交易成本较低时，交易成本会使得价格缓慢调整，阻碍信息被吸收到股价中。

以上发现的领先-滞后效应都是单向性的，即某一组股票收益率总是能预测另一组股票的收益率，而反之并不成立。文献中也提供了大量股票收益率相互预测的证据。Moskowitz 和 Grinblatt（1999）发现了行业动量（Industry momentum）效应，行业同伴公司的过去收益率对目标公司未来收益率具有显著预测能力：通过构建多空组合，买入过去 6 个月同行业市值加权收益率前 30%的赢家股票（Winners），卖出过去 6 个月行业收益率后 30%的输家股票（losers），持有这样的多空组合 6 个月，每个月重新平衡组合，这样的投资策略每年能获取 9.3%的收益率。在控制常见的截面收益率定价因子，包括市值因子、账面市值比因子、动量因子等后依然能获取统计显著的超额收益率，这种策略在那些市值大、流动性好的股票中依然有很强的营利性，因此不同于 Lo 和 MacKinlay（1990）的发现，且多头头寸贡献了大部分盈利，短期内这种行业同伴公司之间收益率的预测性最强；并且他们发现当对收益率进行行业效应调整以后，个股收益率的时间序列动量效应幅度减弱且变得统计上不显著。

对行业动量效应的一种可能解释是信息在行业同伴公司之间扩散缓慢导致投资者反应不足。Hong 和 Stein（1999）提出了缓慢信息扩散模型（Gradual-information Diffusion）来解释个股动量效应，股价最初反应不足来自信息的缓慢传递。Hong 等（2000）的实证结果为该模型提供了支撑。Hong 等（2000）将股票按照市值大小、跟踪分析师人数分组，发现个股动量策略在市值小、跟踪分析师人数少的股票中更显著，而这些特征的股票被认为是信息传递更缓慢的股票。Hong 等（2000）研究的是个股动量效应，信息在同行业公司之间的缓慢扩散也为行业动量效应提供了解释。行业中的股票受到很多共同信息的冲击，信息传递到行业中的公司不是瞬时完成的，有些公司最先将信息冲击反映在股价上，随着分析师或者投资者对共同信息的解读，信息在一段时间以后被吸收到滞后公司股价中，这便形成了观察到的行业同伴公司之间的收益率领先-滞后效应（Lead-lag effect）。其他可能的非主流解释是行业同伴公司之间相关联的增长机会或不可逆的投资，而增长机会和投资又与系统性风险相关联，从而影响期望收益率（Berk et al.，1999；Kogan，2004）。

Hou（2007）的实证分析支持了信息的缓慢传递从而导致股票收益率的领先-滞后效应这一假说。由于同行业的公司之间在产品市场和技术创新方面相互竞争，受到很多共同的供应链冲击，以及监管环境的变化。并且，随着行业的扩张与收缩，同行业公司之间面临的成长机会、投资机会、融资机会高度相关。因此，公司的信息在行业层面有很多共同的部分，如果领先-滞后效应是由于信息的缓慢传递所致，那么这种信息的缓慢传递在同行业内会更严重。与这一论点一致，Hou（2007）发现大公司收益率领先小公司收益率主要发生在同行业内的公司之间。除了大小市值公司之间的领先滞后效应外，他发现机构投资比例、分析师跟踪人数、交易量相关的领先-滞后效应也主要集中在行业内部。这种效应在不同行业的强弱有所变化，在那些更小的、被忽视的、竞争程度低的行业中更为显著。并且，行业内领先-滞后效应大部分是由负面消息的滞后传播引起的。Hou（2007）的发现很难被非同步交易或者时变期望收益率所解释，而是支持了信息在关联公司之间缓慢传播这一假说。

除了行业联系外，供应链关联的公司之间也存在收益率相互预测性。Cohen 和 Frazzini（2008）通过客户公司数据识别了供应链同伴公司，发现客户公司的收益率和运营情况（利润等）能预测供应商公司未来的收益率和运营情况。做多过去客户公司收益率表现好的股票，做空过去客户公司收益率低的股票，这种策略能获取显著为正的超额收益率。作者将这种现象称为“客户动量”，并进一步发现“客户动量”不同于个股公司收益率的动量效应、行业动量效应。由于客户公司数据是投资者公开可得的信息，是投资者估计公司未来现金流和盈利情况时的重要参考信息，并且供应链关系是比较稳定的。因此，客户公司过去收益率能显著预测供应商公司未来收益率，表明投资者受到有限注意力偏差的影响。由于基金投资者相对于个人投资者拥有信息优势和更强的信息处理能力，利用基金对供应链关联公司的共同持股衡量投资者的注意力，发现基金对供应链关联公司共同持股比例越高，越能及时在供应链上传递关联信息而削弱客户动量效应。Cohen 和 Frazzini（2008）发现机构投资者对供应链关联公司的共同持股比例与“收益率跨公司可预测性强弱”负相关，表明投资者有限注意力导致了客户动量效应。

Menzly 和 Ozbas（2010）使用不同的数据和方法度量了公司之间的供应链联系。他们利用投入产出表中行业之间的商品流数据，识别出供应商行业和客户行业。他们发现供应商行业利润和客户行业利润与目标公司利润存在显著相关性，表明他们识别的供应链关系是存在经济关联的，并且发现分析师只跟踪了一部分关联公司，因此市场上存在信息细分。同时，他们发现供应商行业平均收益率和客户行业平均收益率对目标公司未来收益率有显著预测能力，这种可预测性对于跟踪分析师人数少、机构持股比例低的公司更显著。他们还发现机构投资者作为拥有信息优势的知情交易者，会同时交易供应链关联公司以利用他们获取的关联信息。

Cohen 和 Lou（2012）探究了信息处理复杂度对行业信息传播的影响。具体地，他们识别了仅在单个行业运营的公司（单一业务公司）与在多个行业运营的公司（多元化公司），多元化公司的信息更难处理。行业层面信息对于单一公司的影响更加容易评估，信息能更快地反映在股价中；而行业层面信息对多业务公司的影响需要更复杂的计算，信息反映在股价中存在滞后。因此，单一业务公司的收益率领先于多业务公司收益率从而对多业务公司收益率具有预测能力，并且信息处理难度越大，收益率可预测性越强。他们还发现分析师同样受到有限信息处理能力限制，对单一行业公司的盈利预测可以影响多元化公司未来的盈利预测。

Lee 等（2019）分析了技术关联公司之间的收益率相互预测性。公司之间的专利研发通常相互影响，存在技术溢出效应。公司在相同或者相近的技术领域会受到很多共同的经济冲击，可能会协作开发，可能存在供应链联系或者使用相同的生产投入（Jaffe，1986；Acemoglu et al.，2012；Bloom et al.，2013）。参照 Jaffe（1986）提出的公司间技术相似性，Lee 等（2019）利用公司之间授权专利在专利分类上的分布相关性来衡量公司在技术空间的远近，并使用技术相似性作为权重计算技术关联公司的平均收益率，发现技术同伴公司的收益率能显著预测未来目标公司的收益率。并且，这种预测性在技术密度越高、投资者注意力越低的企业以及套利限制越严重的企业中越显著。他们的发现表明技术关联企业收益率可预测性来自滞后公司股价对共同信息的延迟调整。

Parsons 等（2020）发现公司总部在同一个城市的公司收益率之间存在领先-滞后效应。同城市的公司受到很多相同的基本面冲击，公司股票收益率会存在联动（Pirinsky and Wang，2006）。股票分析师通常专注于一个行业，很少同时跟踪同一个城市不同行业的公司，所以同城市不同行业的股票之间信息传递会存在延迟，进而收益率表现出领先-滞后效应。由于分析师不专注于跟踪同一个城市的股票，个股的跟踪分析师人数与连接该股票及其地理同伴公司的共同分析师人数相关度并不高。Parsons 等（2020）探究了是更多的共同分析师还是跟踪分析师人数增多以后公司信息环境改善促进了关联信息的传递。他们发现，按照公司跟踪分析师人数排序时，地理领先-滞后效应并没有明显的变化，表明以往文献中发现的分析师人数对领先-滞后效应强弱的影响可能来自于共同分析师加速关联信息的传递。

文献中还基于公司之间其他维度联系识别了收益率领先-滞后效应。Cao 等（2016）发现战略联盟的公司之间收益率存在跨公司可预测性。在市场上有更多战略联盟形成的消息释放时，投资者有限注意力偏差影响更严重，此时领先-滞后效应更强；除此以外，收益率可预测性在异质性波动率更高、套利限制越严重的公司中越强。Scherbina 和 Schluschey（2015）认为，出现在同一则新闻中的公司之间存在联系，定义那些近期换手率更高的股票为股价先反映新闻的领先股票，而换手率依然保持正常水平的股票为新闻还没有反映到股价中的滞后股票，领先股票的收益率可以预测滞后股票收益率。这些结果表明投资者的信息处理偏差和有限注意力导致了这种可预测性。对新闻内容的文本分析发现，出现在同一则新闻中的公司之间存在多种经济联系，包括类似的运营、类似的管制环境、类似的技术、劳动力、基础设施、商业伙伴关系等，而不依赖于某一种特定的公司特征。Ali 和 Hirshleifer（2020）基于分析师会跟踪存在各种经济联系的公司，识别分析师共同跟踪的公司为同伴公司，发现共同分析师跟踪的公司收益率存在领先-滞后效应，并且共同分析师领先-滞后效应吸收了行业、地理位置、供应链、多元化经营、科技空间等因素。他们进一步分析了背后机制，发现分析师缓慢信息更新和投资者有限注意力导致了共同分析师领先-滞后效应。

这些收益率领先-滞后效应背后共同的逻辑是：同伴公司受到很多共同的信息冲击，由于投资者和分析师受到有限注意、市场摩擦或者利益动机有关的偏差影响，信息处理和传递不及时，共同信息在关联公司之间缓慢传递，信息在一部分公司股票价格中先反映出来，一段时间后才在另外一些公司股票价格中反映出来，因此观察到领先公司股票收益率对滞后公司股票收益率具有预测能力，即领先-滞后效应。

国内文献方面，宋逢明和唐俊（2002）发现，中国股市上龙头股收益率能预测并跟随股未来收益率。刘煜辉和熊鹏（2004）探究了按规模排序的领先-滞后效应和按交易量排序的领先-滞后效应。对规模排序的领先-滞后效应，他们没有发现一致的结论，当市场处于不同状态时，大市值股票与小市值股票的相互预测关系截然相反；对交易量排序的领先-滞后效应，他们发现在市场处于上升态势时，高交易量股票领先低交易量股票。马超群和张浩（2005）发现高交易量股票吸收共同信息、公司特质信息、好消息、坏消息的速率都要高于低交易量股票。杜敏杰和林寅（2005）以及樊澎涛和张宗益（2006）发现中国股市的行业动量策略具有营利性。冯旭南和徐宗宇（2014）没有直接检验收益率领先-滞后效应，但他们的研究结果表明信息从跟踪分析师人数多的股票溢出到跟踪分析师人数少的股票中。

2.4 分析师报告的市场反应

分析师作为公司与投资者之间的桥梁，收集并处理各种信息，预测公司的未来基本情况，并对公司估值，通过发布盈利预测、投资评级或者目标价格等方式向投资者传递信息。大量文献研究了分析师研究报告的市场反应，并且通常使用分析师活动附近短期窗口的异常收益率衡量分析师向市场传递的增量信息。

Givoly 和 Lakonishok（1979）检验了分析师盈利预测修正的市场反应，发现盈利预测修正能预测未来两个月的股票收益率情况，表明分析师的盈利预测修正中包含了对投资者有价值的信息。Lys 和 Sohn（1990）发现分析师盈利预测会释放出新的信息，而不是简单地复述其他分析师之前公布的或者公司盈利公告中的信息。Elton 等（1986）较早探究了投资评级的市场反应，发现获得上调评级的公司收益率在接下来一个月显著更高，而获得下调评级的公司收益率显著更低。Womack（1996）研究了分析师投资评级，发现分析师发布评级会引起市场价格和交易量的显著异常反应，表明分析师投资评级向市场传递了新的信息；同时他们还发现了投资评级后漂移现象，且负面评级的漂移现象持续性更长，表明市场并没有立刻完全吸收分析师释放的信息。Brav 和 Lehavy（2003）探究了目标价格对投资者的价值，在控制了同时发布的盈利预测和投资评级以后，目标价格修正能引起显著的短期市场反应和漂移，表明目标价格提供了盈利预测修正和投资评级以外的新信息。Moshirian 等（2009）对 13 个新兴市场国家的研究发现市场会对分析师评级与变更做出反应。总体来说，这些文献中发现分析师活动有显著的异常市场反应，并且在未来的几个月内股价会有与分析师观点方向一致的漂移现象，分析师看好的公司表现更好，表明分析师拥有预测未来收益率或者影响价格的能力。同时，漂移现象也说明市场对分析师释放信息反应不足。

文献中发现了很多公司或分析师特征影响分析师报告的市场反应。分析师预测能力或声誉会影响市场反应。Sinha 等（1997）发现分析师预测能力具有持续性，过去预测准确的分析师在将来也能保持更高准确性，并且过去预测准确的分析师的报告市场反应更强烈。Stickel（1992）和 Stickel（1995）将入选了明星分析师榜单的分析师视为预测表现更好或声誉更好的分析师，并发现明星分析师报告引发的市场反应要比非明星分析师更强烈。Park 和 Stice（2000）则使用分析师预测表现相对于一致分析师预期优劣衡量分析师预测能力，发现当分析师在过去对公司的预测表现好于平均时，市场对于该分析师未来在该股票预测修正的市场反应更强烈；而分析师对某个公司的过去预测表现不会影响该分析师对其他股票预测修正的市场反应。

除了分析师预测能力或声誉以外，分析师活动市场反应还有很多其他影响因素。Stickel（1995）发现市场反应与评级强度、评级变更幅度、券商规模、公司规模、同时的盈利预测修正正相关。Irvine（2003）发现首次跟踪的市场反应更强烈。Ivković和 Jegadeesh（2004）发现，分析师活动相对于公司盈利公告的时间会影响市场反应，在公司盈利公告日前的分析师活动市场反应更强烈。Frankel 等（2006）使用分析师在某一年所发布研报的平均市场反应幅度作为分析师研究报告信息含量的度量，实证发现在股票收益率波动更大和交易量更大时，分析师报告的市场反应越强烈。收益率波动性更大和交易量更大时，信息交易者的盈利机会增大，此时他们会试图从分析师报告中去发掘更多的信息，此时的分析师报告市场反应更强烈。Bonner 等（2007）使用分析师出现在媒体报告中的频率衡量分析师的知名度，发现越知名的分析师发布的盈利预测修正市场反应越强烈，知名程度对市场反应的影响并不来自分析师预测准确性。Loh 和 Stulz（2011）发现当分析师是领先分析师、明星分析师、之前发布过有影响力评级的分析师，当评级远离分析师一致评级、与公司盈利公告同时发生，或者当公司属于成长型公司、规模更小、机构投资者持股比例越高或者分析师分歧度较高时，评级更有影响力。

文献也探究了基于分析师投资评级的营利性交易策略。与评级公布后显著的短期市场反应和收益率漂移一致，Barber 等（2001）发现买入分析师一致评级高的股票，卖出分析师一致评级低的股票，能获取高达 4%的超额年化收益率。但是这种策略面临着极高的换手率和交易成本，限制了套利交易者利用分析师评级进行买卖。Jegadeesh 等（2004）指出以往关于投资评级的研究并没有考虑截面上其他公司特征，因此无法区分投资评级的市场反应来自于分析师高超的信息处理分析能力，还是来自于分析师偏好推荐某一类特征的股票。他们的研究发现分析师偏好推荐过去股票表现更好、增长率更高、交易量更大、相对更贵的股票，分析师评级本身并没有提供截面公司特征以外的边际收益率预测能力。同时他们发现分析师评级变更对未来收益率具有显著的预测能力，表明分析师评级变更中传递的信息更多。Altınkılıç 等（2016）发现在高频算法交易时代，由于买卖价差缩小、超级计算机和算法交易的普及，投资者会主动去挖掘能获利的信息，同时投资者对市场信息的反应更为及时迅速，市场有效性提升，而分析师面临的严格监管也限制了其获取私有信息的能力（Cohen et al.，2010），评级变更后收益率漂移现象已经消失。

以上研究认为分析师在市场中承担了信息中介的作用，他们拥有专业信息分析能力，能获取到私人信息或者通过对公开信息再加工，通过分析师报告向投资者传递价值信息。同时，也有文献对分析师的信息中介角色提出了质疑，认为分析师提供给投资者的信息量是有限的。例如，Altınkılıç 和 Hansen（2009）采用了不同于以往文献的方法来度量分析师活动的市场反应。以往文献中使用分析师活动日附近的短期多日收益率，若分析师活动日附近存在异常收益率则表明分析师提供了信息，而 Altınkılıç 和 Hansen（2009）则缩短观察窗口为分析师活动时刻附近的几小时。他们发现在分析师评级修正附近的短时间内，市场并没有经济意义显著的异常收益率。他们进一步发现分析师评级变更中反映的主要是公司不久前公告的盈利或投资信息、过去收益率或者未来收益率的预测变量如长期动量和短期反转等信息，提供给市场的增量信息只是有限的。分析师会策略性地在公司发布盈利公告以后公布投资评级，目的是提升投资者感受到的分析师评级变更后的股票表现，从而提升其荣誉、佣金收入、明星分析师排名等。一旦将公司事件引起的市场反应控制住以后，分析师评级变更并没有引起显著的市场反应。Altınkılıç 和 Hansen（2009）的发现表明，在研究分析师活动的市场反应时分离同期公司事件影响是至关重要的。

Loh 和 Stulz（2011）发现在去除公司特定新闻事件附近窗口内发布的分析师评级后，平均的评级变更短期异常收益率幅度下降了很多，只有 12%的分析师评级对公司的收益率和交易量有显著的影响，表明大多数投资评级没有传递信息。不同于以往的研究关注分析师活动的平均市场反应，他关注单个的分析师评级变更事件。Altinkilic 等（2013）进一步确认了 Altınkılıç 和 Hansen（2009）的结果，他们发现大部分的分析师活动发生在公司事件以后的短期窗口内，使用日内收益率没有观察到显著的市场反应，分析师只是复述了市场公开信息。这与 Ivković和 Jegadeesh（2004）是一致的。Ivković和 Jegadeesh（2004）发现很多评级变更发生在公司盈利公告后的一小段时间内，市场对于在盈利公告后一周内公布的评级变更的反应是最弱的。此外，Chen 等（2005）发现分析师投资评级或盈利预测的平均市场反应并没有不同于非活动日的市场反应。

同时，文献中发现了大量证据表明分析师会出于利益动机发布有偏的盈利预测或评级，此时分析师报告中信息含量可能较低。例如，Lin 和 McNichols（1998）发现投资银行业务会导致有偏的分析师评级。Barber 等（2007）发现独立分析师评级盈利表现优于投资银行分析师，投资银行分析师表现较差的一大原因是拒绝将最近进行了股权融资的公司下调评级。除了维护投资银行业务关系（Lin and McNichols，1998；Ljungqvist et al.，2006；Kolasinski and Kothari，2008），分析师还可能出于其他动机发布有偏报告，如获取机构投资者好感以提升在明星分析师榜单中的排名（Stickel，1992），维护与管理层关系以获取私有信息（Richardson et al.，2004），或者提升券商交易佣金收入（Jackson，2005；Irvine et al.，2007）。

Bradley 等（2014）回应了 Altınkılıç 和 Hansen（2009）对传统文献提出的质疑，他们发现 Altınkılıç 和 Hansen（2009）使用的数据中分析师评级发布的时刻存在系统性偏误，对时间进行修正后发现了与以往文献一致的结论，即上调评级会带来显著为正的异常收益率而下调评级会带来显著为负的异常收益率。Yezegel（2015）探究了分析师选择在公司盈利公告后发布评级变更的影响因素，并提供了不同的解释。他发现当投资者对信息解读和分析师建议的需求越高，分析师越有可能检测到错误定价或者公司盈利公告传递了更多信息时，分析师越有可能在公司盈利公告后更新投资评级，这表明分析师在公司盈利公告后更新投资评级的目的主要是为了向投资者传递信息。对分析师评级变更方向和幅度的研究也表明分析师更新投资评级是为了向投资者传递更多的信息。Li 等（2015）也回应了

Altınkılıç 和 Hansen（2009）提出的分析师报告复述公司新闻事件这一假说。与其他文献的不同之处在于他们分析了公司事件本身的市场反应，将公司事件的市场反应与分析师修正方向关联起来研究。另外，他们不仅研究了常规交易时间发布的分析师评级，还研究了盘后交易时间发布的分析师评级，后者占其样本量的70%。但是在前人的文献中并没有被研究过。他们发现只有27.9%的评级变更可能是复述公司新闻，而且即便是复述公司新闻信息，分析师评级变更也能提升价格发现。分析师不仅通过发布趋势性评级报告，加速了公司新闻事件被吸收到股价中，同时也会在公司新闻事件以后发布相反意见来逆转市场情绪。在控制同时期的公司新闻事件以后，盘后交易时间发布的评级变更能引起显著的异常价量反应，并且价量反应是发生在分析师评级公布以后的。

对分析师报告中文本信息的分析为分析师报告市场反应文献贡献了来自不同视角的结果，分析师报告中文本内容占据主要篇幅。Asquith 等（2005）对 1126 份研报手动分类并构建了一个反映分析师乐观程度的指标，并且发现在控制了评级变更、盈利预测和目标价格以后，分析师报告文本的积极程度会影响市场反应。Asquith 等（2005）的发现表明了研究分析师文本内容的重要性，但是受限于样本量太小以及样本对象为顶级分析师，他们的结果是否适用于其他分析师报告不得而知。Twedt 和 Rees（2012）使用字典方法评估了 2057 份首次跟踪报告的语气，他们发现在控制了盈利预测和投资评级以后，市场反应与文本语气正相关。同样的问题是他们的研究样本局限于首次跟踪的报告，结论是否能推广到其他报告尚存在疑问。Huang 等（2014）使用朴素贝叶斯算法提取分析师报告中文字表达的观点，发现分析师研究报告中除了盈利预测、投资评级、目标价格这几个定量的信息，还有大量的文字内容传递了分析师对公司各个方面的观点，包括公司最近股票市场表现、商业策略、行业内竞争地位、风险暴露、公司治理等。他们发现控制住分析师报告中的定量信息，分析师报告文字表达出来的态度和观点能引起显著的市场反应，同时文字表达出来的观点也会影响市场对于定量信息的反应，当分析师的观点越乐观时，市场对于乐观定量信息的反应也更加强烈，表明分析师报告中文字传递了与定量信息不同的信息。

国内文献也发现分析师盈利预测（修正）、投资评级（变更）等活动能引起市场同向的即时反应和漂移现象，表明分析师报告能够为市场带来增量信息从而引起市场的异常反应（林翔，2000；丁亮和孙慧，2001；朱红军等，2008；汪弘等，2013；刘永泽和高嵩，2015；张然等，2017）。学者们还发现了一系列影响分析师活动市场反应的因素。李丽青（2012）发现最佳分析师预测只有在修正幅度大于90%时，市场反应才比其他分析师更大。王宇熹等（2012）研究了券商声誉和分析师声誉对分析师投资评级市场反应的影响，发现影响是复杂的，取决于投资评级类型和市场状况。黄宇虹（2013）综合比较了评级、评级变更、盈利预测、盈利预测修正的市场反应，发现评级的市场反应要大于另外三种类型的分析师活动。汪弘等（2013）发现分析师名气和信息不对称程度能增强市场对分析师活动的反应。彭韶兵等（2014）识别了稳健分析师，并发现市场对稳健分析师的盈利预测修正反应更强烈。李勇等（2015）发现明星分析师投资评级更具有价值。刘永泽和高嵩（2015）发现行业专长水平越高，市场对分析师预测修正反应越强烈。方军雄等（2018）使用同日分析师报告数量衡量竞争性信息，竞争性信息会吸引投资者注意，他们的结果表明同日分析师报告数量越多时，即时反应越弱、漂移现象越强。王玉涛和宋云玲（2018）研究发现市场对过去乐观偏差的分析师的预测修正反应更弱。

声誉好的分析师可能传递更多、更准确的信息，以往研究分析师声誉对市场反应影响的文献并没有考虑这点，张宗新和杨万成（2016）分离了声誉途径和信息挖掘途径，发现分析师可以通过两种途径影响市场，其中声誉途径的影响集中在中短期。同时，信息不对称程度、机构持股比例会影响市场反应，他们还发现基于分析师盈利预测构建的多空组合策略具有营利性。

国内学者开始使用文本分析技术探究分析师报告文本内容的市场反应。马黎珺等（2019）发现分析师报告中前瞻性语句传达的情感积极程度与市场反应正相关，说明分析师报告文本内容也向投资者传达了价值相关信息，并且当公司信息不透明程度越高、分析师报告质量越高、投资者信息处理能力越强时文本情感态度与市场反应关系越强，文本情感佐证定量信息能增强定量信息与市场反应的关系。任飞等（2020）将分析师深度报告文本传递的信息分解为市场已有的旧信息和分析师独立收集的新信息，发现只有新信息会引起显著的市场反应。

总体来说，国内外文献的发现大体一致，分析师报告向投资者传递了增量信息，能引起即时的市场反应，并且由于投资者反应不足存在漂移现象；除了定量信息，文本信息也传递了价值相关信息；分析师声誉、行业专长、过去预测表现等特征会影响投资者对分析师报告的市场反应。

2.5 分析师报告的信息属性

分析师跟踪人数在文献中被广泛用作公司信息环境的代理变量（Bhushan，1989；Brennan and Hughes，1991；Shores，1990；Skinner，1990）。跟踪分析师人数越多，公司信息环境越透明。Schutte 和 Unlu（2009）发现在分析师行业首次跟踪公司后，股价波动中的噪声减少了。Kelly 和 Ljungqvist（2012）利用券商关闭引起的公司跟踪分析师人数下降作为外生冲击，发现跟踪分析师人数减少加重公司信息不对称程度。Mola 等（2012）发现分析师行业停止跟踪后公司买卖价差增加、交易量和机构持股比例会下降。Andrade 等（2013）对中国市场的研究表明分析师能够通过协调投资者意见分歧消除资产泡沫。

这些文献认为分析师通过获取私有信息或者对公开信息再加工，对公司发布盈利预测等影响投资者行为来增强公司股价信息含量，但这些文献没有研究分析师提供的信息属性。分析师是否专注于产生公司特质信息呢？还是产生更多的市场和行业层面信息呢？这里的行业或市场层面信息包含两种信息，一种是关于整个行业或者经济未来表现的信息，另一种是关于目标公司表现如何受到行业或市场冲击影响的信息，后者能帮助投资者正确充分理解行业或市场层面信息对个股公司的影响并且及时将这些信息吸收到公司股价中。

Piotroski 和 Roulstone（2004）探究了分析师是否提供了更多的公司特质信息。具体地，使用股票收益率对市场收益率和行业收益率回归的 R^2 作为股价同步性指标来衡量公司股价中公司特质信息的比例，同步性指标越低，公司特质信息的比例越高。他们发现，分析师跟踪人数与股价同步性正相关，表明分析师活动更多地增加了股票价格中的市场和行业层面信息。他们对此的解读是：与公司的内部人和机构投资者相比，分析师作为外部人通常来说更难获取到公司特质信息。相对于内部人和机构投资者，分析师的比较优势在于收集和解读市场和行业层面的信息以及提升信息在行业内部的传播。分析师可以促进行业共同信息吸收到其跟踪的公司中。这与 Ramnath（2002）的发现一致，Ramnath（2002）发现当同行业内其他公司发布盈利公告时，分析师会相应调整他们的盈利预测。

Chan 和 Hameed（2006）探究了新兴市场上分析师跟踪与股价同步性的关系。新兴市场可能与发达市场有不同特征。新兴市场公司公开可得的公司信息较少，投资者对分析师挖掘公司特质信息的需求较高，分析师能从收集和处理公司特质信息中获取更高收益；另外，新兴市场投资者产权保护差可能会阻碍信息优势交易者的套利活动，使得分析师提供公司特质信息能引发的投资者套利活动减少，分析师利益下降。与 Piotroski 和 Roulstone（2004）的方法相同，Chan 和 Hameed（2006）使用同步性指标衡量公司股价中公司特质信息的含量，对 25 个新兴市场的研究发现分析师跟踪增强股价同步性。Xu 等（2013）确认了 Chan 和 Hameed（2006）中关于中国市场上分析师跟踪增强股价同步性的发现。他们进一步区分了明星分析师和非明星分析师，发现两组分析师在提升股价中公司特质信息含量的异质性。更多明星分析师跟踪能提升股价中公司特质信息含量，而非明星分析师更多地吸收了市场和行业层面信息。

对分析师行业专长的研究发现分析师行业知识对分析师盈利预测或投资评级十分重要，间接地表明分析师报告中包含了行业层面信息。Boni 和 Womack（2006）构建了两个基于分析师评级的策略，一个考虑了公司在行业内的评级排名而另一个没有。他们发现考虑了行业内排名的策略表现更好，说明分析师选股能力体现在对行业内股票排序，而不是识别高估或低估的股票。Howe 等（2009）则拓展了 Boni 和 Womack（2006）的研究，他们发现加总的分析师评级对未来市场收益率和行业收益率有显著的预测能力，表明分析师用来生成投资评级的信息集包含了市场和行业层面信息。Kadan 等（2012）研究了分析师行业专长对投资评级的影响，发现分析师拥有对行业排名能力，以及在行业内对公司排名能力。行业层面信息是分析师进行评级时的重要参考信息。

也有文献持相反观点，认为分析师提供的主要是公司特质信息。Liu（2011）将分析师研究市场反应分解成市场层面、行业层面和公司特质部分，发现分析师传递的主要是公司特质信息而不是市场和行业层面信息。分析师在选择制造何种信息时面临取舍。市场和行业层面信息能适用于该行业内所有公司，因此分析师能将行业层面信息运用于对整个行业内公司的预测上从而受益于规模经济效应；另外，公司股价中行业层面信息要多于公司特质信息，投资者对于公司特质信息的需求可能更高。Liu（2011）还发现对于异质性波动率越高或者行业贝塔越小的公司，分析师会提供越多的公司特质信息。他认为分析师收集公司特质信息的动机取决于分析师感知到的股价中已包含信息。

Crawford 等（2012）探究了分析师首次跟踪公司报告释放的信息属性以及分析师之间的竞争是否影响分析师选择提供何种信息。分析师在选择制造公司特质信息还是市场和行业层面信息时需要考虑信息收集处理成本以及分析师行业竞争。当分析师首次跟踪的公司没有其他分析师跟踪时，不存在分析师之间的竞争，分析师可能更倾向于提供成本更低的市场层面信息；当分析师首次跟踪的公司已经有其他分析师跟踪时，分析师可能选择提供公司特质信息以便与其他分析师的研究区分开。Crawford 等（2012）发现分析师首次跟踪没有其他分析师的公司时，公司股价同步性增加，表明此时分析师选择提供市场层面信息；而当分析师首次跟踪的公司已有其他分析师时，股价同步性降低，表明分析师选择提供公司特质信息。

文献中还提出分析师会提供分析师跟踪组合特质信息。跟踪组合特质信息是指分析师跟踪组合内股票的共同经济冲击或者单个公司如何受到跟踪组合共同冲击影响的信息，可以跨越传统的行业界限，比如供应链上的关联信息。Muslu 等（2014）认为，类似于行业层面信息，分析师能通过提供跟踪组合特质信息受益于规模经济效应，跟踪组合特质的信息可以用于对分析师跟踪的多只股票进行预测；另外，过多的跟踪组合特质信息会使得分析师报告区分度不够，无法满足投资者对个股特质信息的需求。他们推测跟踪组合特质信息应该是分析师信息集的一部分，并发现了支持性的结论。同时跟踪两只股票的分析师要比只跟踪其中一只股票分析师的活动引起的两只股票市场反应更为接近，预测相关性也更高。基于 Liu（2011）的分解方法，他们发现分析师报告释放了跟踪组合特质的信息。

国内文献方面，朱红军等（2007）发现分析师跟踪人数与股价同步性负相关，并且排除了分析师制造“噪声”这一可能解释，表明分析师活动促进了公司特质信息被吸收到股价中。冯旭南和李心愉（2011）却发现分析师跟踪人数与股价同步性正相关，认为分析师更多地吸收了市场层面信息。伊志宏和江轩宇

(2013) 发现明星分析师相对于普通分析师传递了更多公司特质信息，并且专注程度越高增量越大。伊志宏等（2015）发现女性分析师降低股价同步性的作用要显著强于男性。周铭山等（2016）认为分析师跟踪可能引起投资者过度反应进而降低股价同步性。任飞等（2020）发现分析师报告中的新信息同时包含了公司特质信息和市场行业信息，且主要为公司特质信息。吴武清等（2020）估计了分析师研究报告的文本语调，发现分析师积极的文本语调能通过激励公司发布更多公告、引导机构投资者买入、吸引其他分析师发布报告降低股价同步性。

2.6 股价联动效应

股价联动现象是资产定价领域一个广泛研究的话题。公司之间对系统性因子或经济冲击的共同暴露能增强股价联动。例如，Fama 和 French（1993）提出了大名鼎鼎的三因子模型，该模型一个与内容相关的启示是有相似规模和账面市值比的公司可能有更强的股价联动。

文献也发现股价联动无法完全用对系统性因子的暴露来解释，即超额联动现象。Shiller（1981）认为，英国股市和美国股市股票价格的联动太大，无法完全用现金流或股息的相关性解释。Barberis 等（2005）提出了三种与市场摩擦或投资者非理性行为有关的解释，即分类投资假说（Category）、偏好假说（Habitat）、信息扩散假说（Information diffusion），认为风格投资者在分配资产时对资产进行分类然后选择资产类别进行投资，并且交易成本或信息可得性等会限制投资者偏好交易某一部分资产，这会引起资产之间相互关联的投资者需求从而导致这部分资产收益率的超额联动。同时，他们认为信息扩散速度相同的股票能以相同速度将共同市场信息吸收到股价中从而增强相关性。他们发现新加入标普 500 指数的股票与指数中其他成份股相关性会增强，而被剔除的股票与其他成分股相关性下降。Greenwood（2008）使用 Nikkei 225 数据发现了类似的结果。Nikkei 225 采用了价格加权，而不是市值加权，因此有些高价股被分配了过高的权重。Greenwood（2008）发现被分配过高权重的股票与指数联动性增强，且当权重过度分配越多时联动性增强越多；而与指数以外的股票联动性下降，且当权重过度分配越高时联动性下降越多。Boyer（2011）对 S&P 价值/成长指数的研究也发现了相似的结论。

除了指数效应，文献还发现了很多其他超额联动的影响因素。Pirinsky 和 Wang（2006）发现公司总部在同一区域的公司股价之间展现出了超额联动性，这种联动性不能由基本面的相关性解释，更可能是投资者对同一区域内股票相关联的交易引起的。这种联动性在规模较小、营利性较差、机构投资者更少的公司更强，在投资者金融知识程度更低的区域更强。投资者相关联的交易也会引起超额联动。Kumar 和 Lee（2006）发现散户投资者同时买卖能解释散户投资者比例高的股票之间的股价联动性，Pirinsky 和 Wang（2004）发现机构投资者相关联的交易能增强股票之间的联动性。Green 和 Hwang（2009）发现价格相似的股票存在超额联动性。Antón 和 Polk（2014）发现基金共同持股的股票的股价之间存在超额联动。Drake 等（2016）发现投资者注意力的联动会增强股票之间收益率超额联动。

分析师共同跟踪也可能增强股价联动。Muslu 等（2014）认为分析师提供跟踪组合特质信息以利用信息的规模经济效应，而跟踪组合特质信息能增强分析师跟踪股票之间的收益率联动性。他们发现更多共同分析师关联的公司之间收益率联动性更强。Israelsen（2016）认为分析师对多只股票的盈利预测基于相同的估值模型、方法、经济变量等，因此分析师对跟踪组合的多只股票的预测误差是相互关联的，这会增强股票之间的超额联动。

国内文献方面，李广子等（2011）发现名称相似的公司股价联动更高。董大勇等（2013）利用上市公司前 10 大股东数据构建了公司之间的股东联结网络，发现股东联结越强，股票间相关性越高。陆贤伟等（2013）发现董事联结的公司之间股价相关性更高。马丽莎等（2014）发现交叉持股的股票收益率相关性更高。

2.7 文献述评

前文依次回顾了国内外学术界对分析师跟踪决策、同伴公司识别方法、领先-滞后效应、分析师报告的市场反应、分析师报告的信息属性、股价联动相关的研究。对文献梳理的顺序与后文的实证研究是一致的。在此将进行简短的文献述评。

尽管国内文献对分析师跟踪决策影响因素研究较多，但是大多局限于对公司个体特征的研究，对于公司之间的经济联系如何影响分析师跟踪决策的关注很少，仅有的一篇只探究了关联交易，且局限于同行业内。但这一问题又是重要的。Brown 等（2015）对分析师的问卷调查结果表明公司之间的相似性是分析师在决定跟踪组合构成时非常重要的考虑因素。分析师跟踪存在经济联系的公司，能通过观察不同来源的互补信息提升预测表现，同时可以利用关联信息的规模经济效应降低信息收集处理成本提高总收益。与此同时，国外文献中已经发现行业、供应链、地理位置、技术空间等公司之间经济联系会影响分析师跟踪组合构成决策以及提升分析师预测表现。这方面研究的匮乏，加之我国资本环境的独特性引发一些疑问：是否我国分析师考虑跟踪组合构成时没有考虑公司之间经济联系，或者说我国上市公司之间的经济联系较弱呢？提供这方面的研究证据将有助于更好了解分析师跟踪组合决策。后文的分析表明：A 股市场证券分析师在考虑跟踪组合构成时也会考虑公司之间经济联系，并且这种经济联系可以跨越传统的行业界限。

对同伴公司的文献回顾表明同伴效应这一话题的重要性，尤其是我国资本市场信息不透明的环境可能会增强公司之间的同伴效应（傅超等，2015），但尚无国内文献研究识别同伴公司的方法。国内文献局限于研究同行业内或同区域内的同伴效应可能会导致对上市公司行为或特征关系的误判或者遗漏其他经济维度的同伴效应，而探究识别同伴公司的方法有助于研究者开展更稳健全面的同伴效应研究。国外的文献中，提出了基于投资者共同搜索、产品市场相似度、分析师共同跟踪的方法，并发现这几种方法识别的同伴公司同质性要高于行业分类方法。本书，在A股市场上比较分析师共同跟踪方法与行业分类方法，为同伴效应的研究提供一种不同的同伴公司识别方法。

对领先-滞后效应文献的回顾表明，国外文献中对发达资本市场上领先-滞后效应的研究较多，尤其是近些年涌现了基于公司间各种经济联系的领先-滞后效应，但国内文献对领先-滞后效应研究还较少，主要的发现是高交易量股票收益率领先低交易量股票收益率以及行业动量效应。随着我国经济发展，公司之间经济联系紧密性增强与复杂化，对领先-滞后效应的研究不仅能丰富我国资本市场上资产定价异象的文献，还有助于理解资本市场上关联信息在公司之间传播的特征与影响因素。

随后，回顾了分析师报告的信息属性。国外文献发现分析师提供了更多的市场和行业层面信息，而国内文献发现我国分析师更多地提供了公司特质信息。Muslu 等（2014）从分析师跟踪组合的视角探究信息属性，发现分析师会释放跟踪组合特质信息。跟踪组合特质信息能用来对分析师跟踪的多只股票做预测分析，有助于分析师同时满足多只股票上投资者的信息需求，同时，跟踪组合特质信息不同于市场和行业层面信息，比如可能是供应链信息，这与前面提到的分析师倾向于跟踪存在各种经济联系的公司是一致的。类似于国内外学者对分析师是否更多地释放了市场和行业层面信息还是公司特质信息这一问题发现了相反的结论，对我国证券分析师是否也提供跟踪组合特质信息仍有待实证研究。

最后，对股价联动效应的文献进行了梳理。国外文献发现了指数成份股、总部在相同地区公司的股票、投资者构成相似的股票、价格相似股、分析师共同跟踪股票具有更强的股价联动。国内文献发现名称相似、股东联结、董事联结和交叉持股的股票具有更强的股价联动。尽管 Muslu 等（2014）和 Israelsen（2016）已经探究了发达市场上分析师共同跟踪对股价联动的增强效应，但是对我国这一新兴市场的研究仍有待补充。另外，Muslu 等（2014）和 Israelsen（2016）提出的影响机制是分析师跟踪组合特质信息和关联的预测误差，而在后文不仅验证了这两种影响途径在A股市场是否适用，还从分析师是否能加快跟踪组合内关联信息传递的角度提供了另外一种解释途径，这与 Barberis 等（2005）提出的信息吸收速率相近的股票股价联动性更高是一致的，也为 Parsons 等（2020）认为的股票能否及时对共同信息冲击做出反应取决于与同伴公司共有的分析师人数这一观点提供了直接的证据。

因此，本书通过探讨公司间经济关联影响分析师跟踪组合构成决策、分析师共同跟踪公司的同质性、分析师共同跟踪下的股票收益率领先-滞后效应、股价联动效应这几个问题，补充了国内文献对分析师跟踪组合构成、分析师研报信息属性、收益率领先-滞后效应、股价联动效应的研究。本书与国内已有的分析师相关研究不同之处主要在于本书是从分析师跟踪组合内公司之间经济联系而不是公司个体特征的角度开展研究，本书关注的是关联公司间的共同信息而不是公司特质信息，同时补充了一些国外文献没有讨论的影响途径。

3　公司经济关联与分析师跟踪组合构成

3.1　引言

经济中的公司并不是孤立的，而是在多个维度相互关联，如行业、产品市场、地理位置、供应链等。有效识别上市公司之间的经济联系兼具现实意义和学术意义，但目前的研究受限于直接刻画公司之间经济联系的数据较难获取，例如供应链数据。近年来，文献中出现了基于分析师跟踪行为（Kaustia and Rantala，2015，2020；Lee et al.，2016）和基于投资者上网搜索记录（Lee et al.，2015，2016）的“群体智慧”（Wisdom of crowds）方法用来识别存在经济联系和基本面相似性的同伴公司。由于分析师跟踪数据公开可得，本章将探究共同分析师同伴公司识别方法在A股市场上的适用性。

共同分析师跟踪识别同伴公司方法的可行性来自于文献中记载的分析师倾向于跟踪存在经济联系或基本面相似的公司。文献中对分析师跟踪决策的研究很多，但大多讨论公司个体特征对公司跟踪分析师人数的影响。有一部分学者关注公司之间经济联系或基本面相似性对分析师跟踪组合构成决策的影响，发现分析师倾向于跟踪同行业的公司（Michaely and Womack，1999；Boni and Womack，2006；Sonney，2007；Kini et al.，2009）、供应链关联的公司（Guan et al.，2015；Luo and Nagarajan，2015）、地理邻近的公司（O’Brien and Tan，2015；

Jennings et al.，2017）、技术相近的公司（Tan et al.，2019）、关联交易的公司（罗棪心等，2020）。Brown 等（2015）对分析师的问卷调研发现公司之间的相似性是分析师跟踪组合构成的重要影响因素。这些研究多集中于发达资本市场，对新兴市场研究较少。

本章的第一部分选取公司间技术相似性（Technological proximity）这一维度，探究了公司之间经济联系对分析师跟踪决策的影响，旨在说明 A 股市场上分析师在考虑跟踪组合构成时除了众所周知的行业联系，还会考虑其他维度经济联系，并且这种经济联系可以跨越行业边界。

作为连续变量，技术相似性可以衡量公司之间技术联系强度。同时，技术相似的公司之间存在共性。开发类似技术的公司面临相同的挑战和不确定性，可能会使用类似的生产投入（Lee et al.，2019），互相竞争资源如研究资金和技术人员。企业间技术相似性与技术外溢效应成正比（Jaffe，1986；Griliches，1992；Bloom et al.，2013）。技术相近的公司间会受到共同的信息冲击，存在收益率的领先-滞后效应（Bekkerman and Khimich，2017；Lee et al.，2019）。此外，企业的研发和创新会影响短期盈利能力和长期生存概率，进而影响股票收益率（Hirshleifer et al.，2013；Kogan et al.，2017；Lee et al.，2019；Li et al.，2019）。因此，技术相似性可能是分析师跟踪组合构成决策的重要影响因素。

结果表明：当目标公司与分析师跟踪组合中其他公司技术更相近时，分析师持续跟踪（Continue coverage）、首次跟踪（Initial coverage）以及在公司 IPO 以后跟踪（IPO coverage）的可能性更高，并且会提供更及时的研究报告。进一步区分了同行业技术相似性和跨行业技术相似性，发现技术相似性对分析师跟踪组合构成决策的影响可以跨越传统的行业界限。

在本章的第二部分，利用共同分析师跟踪作为一种识别同伴公司的方法，比较了共同分析师跟踪方法与证监会行业分类方法、申万行业分类方法识别的同伴公司的同质性（Homogeneity）差异。结果表明，共同分析师跟踪方法识别的同伴公司平均而言同质性更高，是一种较好的同伴公司识别方法。

本章首次提供了 A 股市场上公司间技术相似性影响分析师跟踪组合构成决策的证据，丰富了国内分析师跟踪决策的文献。Beyer 等（2010）呼吁更多的学者关注分析师跟踪组合构成决策这一问题，而鲜有国内文献从公司间经济联系这一视角对 A 股分析师跟踪组合构成决策进行分析。罗棪心等（2020）发现分析师更倾向于同时跟踪存在关联交易的公司，但只有当公司属于同一行业时关系才是显著的，而结果发现技术相似性对分析师跟踪组合构成的影响可以跨越行业联系。同时，本章系统性比较了不同同伴公司识别方法的同质性表现优劣，结果表明共同分析师跟踪是一种有效的同伴公司识别方法，这在目前 A 股市场上公司间经济联系数据较难获取的现状下显得尤其有价值。

本章后续部分安排如下：3.2 提出研究假设；3.3 介绍数据和变量；3.4 检验公司间技术相似性与分析师跟踪组合构成决策的关系；3.5 比较共同分析师识别同伴公司与行业分类标准识别同伴公司的同质性差异；3.6 总结本章。

3.2 研究假设

技术近似公司之间的共性意味着分析师通过跟踪技术相近的公司能受益于信息互补效应，降低信息收集与处理的成本，提供共同信息能同时满足多只股票上投资者对分析师研究报告的需求。专注于公司间重叠的技术专利类别，分析师能加深对该技术类别的理解进而提升其预测表现。由于分析师的时间、精力以及资源是有限的，分析师的目标是在有限的资源限制下尽可能满足更多的投资者需求，分析师需要决定跟踪组合构成，根据以上分析，提出以下假设：

假设 3-1：分析师更可能同时跟踪技术相近的公司。

更及时的分析师报告对投资者的价值更高。Cooper 等（2001）发现，分析师及时性是衡量分析师能力和表现的重要指标。跟踪技术相近的公司能让分析师获得信息优势，拥有信息优势的分析师会提供更及时的研究服务（O’Brien and Tan，2015），因此提出以下假设：

假设 3-2：分析师对技术相近的公司会提供更及时的研究报告。

尽管理论上技术关联不同于行业关联。技术关联可以跨越传统的行业界限（Lee et al.，2019），技术近似公司之间的合作与竞争关系要比产品市场关系更复杂（Bloom et al.，2013）。但是以上检验仍然面临的一个担忧是技术相似性对分析师跟踪组合构成决策的影响可能来自于行业关联。文献中记载分析师更倾向于跟踪同行业的公司，而同行业的公司技术相似性更高。为了区分行业关联和技术近似对分析师跟踪组合构成的影响，分别衡量了目标公司和分析师跟踪组合内同行业公司的技术相似性以及目标公司和分析师跟踪组合中不同行业公司的技术相似性。将同行业技术相似性和不同行业技术相似性同时加入回归模型中，预期观察到在控制同行业技术相似性下，不同行业技术相似性会影响分析师跟踪决策。因此提出以下假设：

假设 3-3：不同行业技术相似性会影响分析师跟踪决策。

3.3 数据和变量

3.3.1 数据来源

分析师盈利预测、股票收益率、公司财务指标、IPO 数据均下载自 CSMAR。上市公司除 IPO 年以外的专利授权数据来自 CNRDS，而 IPO 年的专利数据 CNRDS 存在较严重缺失，选择从中国国家知识产权局手动下载。行业分类代码和机构持股比率的数据来自 WIND。行业分类代码采用申万行业一级分类代码。在早期，上市公司专利授权记录较少，本章第一个实证部分（3.4）样本段是 2007~2019 年。本章第二个实证部分（3.5）样本段是 2002~2019 年。

3.3.2 因变量

依次检验了技术近似度对分析师持续跟踪（Continue Coverage）、首次跟踪（Initial Coverage）、对 IPO 公司跟踪（IPO Coverage）以及对 IPO 公司跟踪及时性（Timeliness）的影响。如果分析师对某个公司发布了至少一次盈利预测，且预测时间距其财务年度公布日间隔至少 30 天以上，则认为该分析师在该年跟踪了这家公司[①]。

分析师持续跟踪检验的样本包括所有可观察到的分析师对公司的跟踪记录，剔除了该公司或分析师最后出现在盈利预测数据库中那一年[②]。构造了一个虚拟变量 *Continue Coverage*，当分析师在 t 年跟踪一家公司，并且在 $t+1$ 年持续跟踪该公司时取值为 1，分析师在 $t+1$ 年没有持续跟踪该公司时取值为 0。

分析师首次跟踪检验的样本还包括那些无法观察到的公司—分析师—年匹配样本值。首先，识别分析师首次跟踪某公司的公司—分析师—年观测值。其次，为这些首次跟踪观测值匹配与该公司总资产最接近并且该分析师在此之前从未跟踪过的五家公司。为了提升协变量平衡性，限定匹配公司为同一行业的其他公司，并且公司的总资产在目标公司的 0.5～1.5 倍。构造了一个虚拟变量 *Initial Coverage*，该变量对于首次跟踪观测值取值为 1，对于匹配公司观测值取值为 0。

对 IPO 公司跟踪检验，首先，识别 IPO 跟踪分析师为在 IPO 后两年内至少发布一次盈利预测的分析师。其次，为每条 IPO 公司—分析师观测值匹配与该分析师行业专长最接近但是没有跟踪该 IPO 公司的五位活跃分析师。活跃分析师是指在 IPO 两年内对市场上任意公司发布了盈利预测的分析师。构造一个虚拟变量 IPO *Coverage*，该变量对于 IPO 跟踪分析师取值为 1，对于匹配分析师观测值取值为 0。

在 IPO 跟踪及时性检验中，样本为跟踪 IPO 公司的分析师观测值，并以从 IPO 上市日期到该分析师 IPO 后首次盈利预测的时间间隔（以月为单位）作为及时性的反向指标 *Duration*。对分析师跟踪 IPO 公司的定义表明，因变量 *Duration* 大于或等于零且不超过 23。

① 考虑用年度财务报告日来划分年限是因为公司财务报告公布会释放大量公司信息，这些信息是分析师跟踪决策的重要影响变量。年报公告日是分析师跟踪决策的一个重要时点。参照 Clement（1999），限定分析师预测报告在至少 30 天以外。Clement（1999）认为只在最后 30 天发布预测报告的分析师可能是复述其他分析师的盈利预测而不是自己在研究该公司。结果对该条件是稳健的。

② 公司在数据库中出现的最后一年可能是退市了或整个分析师行业对该公司失去兴趣，分析师在数据库中出现的最后一年可能是由于分析师退出了分析师行业。

3.3.3 主要自变量

实证中常用的公司间技术相似性指标由 Jaffe（1986）提出。具体地，使用公司在各个专利分类的授权专利数这一向量表示公司在技术专利空间中的位置[①]，两个公司的专利向量的相关系数即表示公司之间的技术相似性。本书参照 Tan 等（2019），衡量目标公司与分析师跟踪组合内其他公司的技术相似性见式（3-1）：

$$Tech.\ Close_{ijt} = \frac{(T'_{it}T_{-it})}{(T'_{it}T_{it})(T'_{-it}T_{-it})} \tag{3-1}$$

式（3-1）中，$T_{it}=(T_{it1},\ T_{it2},\ \cdots,\ T_{it127})$ 是公司 i 的专利分布向量，$T_{-it}=(T_{-it1},\ T_{-it2},\ \cdots,\ T_{-it127})$ 是分析师跟踪的其他公司的专利分布向量之和。T_{itk}（T_{-itk}）是公司 i（其他所有公司）在过去五年在国际专利类别 k 获得授权专利数占公司 i（其他所有公司）获得的所有专利的比例。国家知识产权局（CNIPA）采用国际专利分类（IPC）作为分类系统。研究使用分类系统的第二级（Class），即专利代码的前三位字母与数字，来构建科技空间，共有 127 个不同的专利类别。与 Lee 等（2019）类似，假设专利在授权年的下一年被分析师观察到并影响分析师的跟踪组合决策。该数据库提供了可追溯到 1990 年中国股市开始交易时的专利记录。但是在早期，上市公司专利授权记录较少。分析从 2007 年开始。

类似地，计算同行业技术相似性为目标公司与分析师跟踪组合内其他同行业公司的技术相似性，见式（3-2）：

$$Same\ Ind.\ Tech.\ Close_{ijt} = \frac{(T'_{it}T_{-it})}{(T'_{it}T_{it})(T'_{-it}T_{-it})} \tag{3-2}$$

式（3-2）中，$T_{-it}=(T_{-it1},\ T_{-it2},\ \cdots,\ T_{-it127})$ 是分析师跟踪组合内与该目标公司 i 属于相同行业的其他公司的专利分布向量之和。

相对应地，不同行业技术近似性定义为目标公司与分析师跟踪组合内不同行业公司的技术相似性，见式（3-3）：

---

① 考虑了发明专利和实用新型专利，没有考虑外观设计专利。

$$Dif\ Ind.\ Tech.\ Close_{ijt}=\frac{(T'_{it}T_{-it})}{(T'_{it}T_{it})(T'_{-it}T_{-it})} \tag{3-3}$$

式（3-3）中，$T_{-it}=(T_{-it1}, T_{-it2}, \cdots, T_{-it127})$ 是分析师跟踪组合内与该目标公司 i 属于不同行业的其他公司的专利分布向量。

3.3.4 控制变量

参照以往研究（Bhushan，1989；McNichols and O' Brien，1997；Jegadeesh et al.，2004；白晓宇等，2007；林小驰等，2007；蔡卫星和曾诚，2010），在模型中控制如下分析师跟踪决策的影响因素：①技术集中度（*Tech. Concentration*）：公司授权专利数量在国际专利分类分布的 *Hirfindahl* 指数；②公司规模（*Size*）：公司总资产的自然对数；③Tobin's Q：市场价值/重置成本；④总资产收益率（*ROA*）：净利润/总资产；⑤亏损（*Loss*）：虚拟变量，公司净利润为负时取值为1，否则为0；⑥波动率（*Ret Volatility*）：过去一年月度收益率波动率；⑦收益率（*Ret*）：过去一年市场收益率调整的累计超额收益率；⑧机构持股比率（*Inst*）：机构投资者持股比率；⑨跟踪分析师人数（*Analyst Coverage*）：跟踪分析师人数的自然对数；⑩业务复杂度（*Segm*）：公司主营业务构成的 *Hirfindahl* 指数；⑪沪深 300 指数（*CSI* 300）：虚拟变量，沪深 300 指数成份股取值为 1，否则为 0；⑫中证 500 指数（*CSI* 500）：虚拟变量，中证 500 指数成份股取值为 1，否则为 0；⑬跟踪公司数（*N Com*）：分析师跟踪公司数的自然对数；⑭分析师特定公司经验（*F Exp*）：分析师跟踪该公司的年数的自然对数；⑮行业专注度（*pInd*）：分析师跟踪的某行业内公司数占分析师跟踪公司总数的比率；⑯跟踪行业数（*N Ind*）：分析师跟踪行业数的自然对数；⑰分析师从业经验（*G Exp*）：分析师提供研报的年份数的自然对数；⑱顶级券商（*Top* 10）：每年以券商活跃分析师人数衡量券商规模，前 10%的券商为顶级券商，取值为 1，否则为 0；⑲佣金关联（*Fee Affiliation*）：分析师所在券商与持有该公司的基金存在分仓佣金关联关系取值为 1，否则为 0；⑳参股关联（*Share Affiliation*）：分析师所在券商参股持有该公司的基金取值为 1，否则为 0；㉑承销关系（*Banking Business*）：虚拟变量，分析师所在券商在过去 5 年与目标公司存在承销关系取值为 1，否则为 0；㉒明星分析师（*Star Analyst*）：明星分析师取值为 1，普通分析师取值为

0。为了减少离群值对回归结果的干扰，本章对所有连续变量在1%水平上双侧缩尾。

3.4 跟踪组合构成决策

如上所述，在不同的检验中使用了不同的样本，因此并不提供统一的样本描述性统计，而是在各个检验中单独提供。依次报告持续跟踪决策、首次跟踪决策、IPO 跟踪决策、IPO 跟踪及时性的检验结果。

3.4.1 持续跟踪决策

为检验分析师是否倾向于持续跟踪技术相似性高的公司，运行如下 Logit 回归模型①，见式（3-4）、式（3-5）：

$$Continue_{i,f,t+1}=\alpha+\beta_1 Tech.\ Close_{i,f,t}+\beta_2 Firm\ Controls_{f,t}+\beta_3 Analyst\ Controls_{i,f,t}+Time\ FEs+\varepsilon \tag{3-4}$$

$$Continue_{i,f,t+1}=\alpha+\beta_1 Same\ Ind.\ Tech.\ Close_{i,f,t}+\beta_2 Dif\ Ind.\ Tech.\ Close_{i,f,t}+\beta_3 Firm\ Controls_{f,t}+\beta_4 Analyst\ Controls_{i,f,t}+Time\ FEs+\varepsilon \tag{3-5}$$

式（3-4）、式（3-5）中，$Continue_{i,f,t+1}$ 是表示分析师在 $t+1$ 年是否持续跟踪该公司的虚拟变量。$Tech.\ Close_{i,f,t}$ 为公司 i 与分析师在 $t+1$ 年跟踪组合的技术相似性②。控制了年份固定效应以吸收同一时间段的共同冲击。

表 3-1 报告了样本描述性统计（Panel A）、单变量回归结果（Panel B）、多变量回归结果（Panel C）。

① 在大多数从公司个体特征的视角研究分析师跟踪决策的实证中，因变量是公司跟踪分析师人数，自变量是公司特征；回归方程的优势在于可以控制分析师特征的影响。

② Tan 等（2019）测量 $Tech.\ Close_{i,f,t}$ 为公司 i 与分析师在 t 年跟踪组合的技术相似性，因此他们对技术相似性的解读是分析师技术专长或经验。

表 3-1 分析师持续跟踪决策

Panel A：描述性统计

	Mean	*Std*	*Q1*	*Median*	*Q3*
Continue	0. 520	0. 500	0	1. 000	1. 000
Tech. Close	0. 434	0. 293	0. 176	0. 401	0. 678
Same Ind. Tech. Close	0. 463	0. 306	0. 193	0. 451	0. 731
Dif Ind. Tech. Close	0. 268	0. 268	0. 042	0. 178	0. 431
Tech. Concentration	0. 384	0. 253	0. 200	0. 313	0. 500
Size	22. 755	1. 579	21. 674	22. 46	23. 538
Tobin's Q	2. 771	1. 971	1. 494	2. 238	3. 386
ROA	0. 072	0. 058	0. 034	0. 064	0. 100
Loss	0. 027	0. 161	0	0	0
Ret Volatility	0. 130	0. 103	0. 084	0. 111	0. 149
Ret	0. 104	0. 469	−0. 166	0. 022	0. 260
Inst	0. 450	0. 241	0. 254	0. 462	0. 642
Analyst Coverage	22. 295	13. 926	12. 000	20. 000	31. 000
Segm	0. 809	0. 245	0. 613	0. 973	1. 000
CSI 300	0. 242	0. 429	0	0	0
CSI 500	0. 243	0. 429	0	0	0
G Exp	4. 204	2. 662	2. 000	4. 000	6. 000
N Ind	4. 830	3. 574	2. 000	4. 000	6. 000
N Com	32. 660	26. 846	16. 000	26. 000	40. 000
F Exp	1. 815	1. 324	1. 000	1. 000	2. 000
*Top*10	0. 320	0. 466	0	0	1. 000
pInd	0. 627	0. 313	0. 375	0. 720	0. 895
Fee Affiliation	0. 639	0. 480	0	1. 000	1. 000
Share Affiliation	0. 081	0. 273	0	0	0
Banking Business	0. 026	0. 159	0	0	0
Star Analyst	0. 151	0. 358	0	0	0

Panel B：单变量回归结果

	Continue = 1	*Continue* = 0	*Diff in mean*
Tech. Close	0. 465	0. 400	30. 490***
Same Ind. Tech Close	0. 494	0. 429	29. 190***
Dif Ind. Tech. Close	0. 283	0. 251	16. 280***

续表

Panel C：多变量回归结果		
	Continue	
Tech. Close	0.466*** (8.56)	
Same Ind. Tech. Close		0.408*** (7.82)
Dif Ind. Tech. Close		0.162*** (2.82)
Tech. Concentration	−0.006 (−0.10)	−0.010 (−0.19)
Size	0.095*** (5.43)	0.096*** (5.43)
Tobin Q	−0.014 (−1.08)	−0.014 (−1.11)
ROA	3.038*** (7.97)	3.046*** (7.96)
Loss	−0.038 (−0.43)	−0.042 (−0.48)
Ret Volatility	−1.368*** (−4.40)	−1.353*** (−4.34)
Ret	0.433*** (11.77)	0.429*** (11.64)
Inst	0.508*** (7.81)	0.505*** (7.73)
Analyst Coverage	0.363*** (14.24)	0.359*** (14.09)
Segm	0.220*** (3.74)	0.219*** (3.72)
CSI 300	−0.032 (−0.64)	−0.037 (−0.75)
CSI 500	−0.033 (−0.98)	−0.037 (−1.10)
N Com	−0.069* (−1.88)	−0.077** (−2.08)
F Exp	−0.187*** (−3.32)	−0.185*** (−3.29)

续表

Panel C：多变量回归结果		
	Continue	
pInd	0.796*** (17.30)	0.797*** (17.34)
N Ind	-0.171*** (-4.29)	-0.172*** (-4.34)
G Exp	0.051 (0.68)	0.095 (1.27)
*Top*10	0.131*** (3.51)	0.132*** (3.56)
Fee Affiliation	0.258*** (4.73)	0.262*** (4.82)
Share Affiliation	0.106*** (3.33)	0.107*** (3.39)
Banking Business	0.083* (1.83)	0.085* (1.86)
Star Analyst	0.040 (0.58)	0.038 (0.55)
Constant	-3.974*** (-9.03)	-4.013*** (-9.07)
Year FEs	74474	74474
Observations	Yes	Yes

注：括号中报告了基于公司层面和分析师层面双重聚类标准误的 t 值。*、**、*** 分别表示在 10%、5%、1%的显著性水平上显著。

在 Panel A 中，提供描述性统计信息。该检验的样本有 74474 个分析师—公司—年观测值。在样本中，平均来说，分析师在下一年会持续跟踪组合中 52%的股票，而美国市场上该比例为 80%以上，一个可能的原因是 A 股市场每年大量的新上市公司。平均的公司之间技术相似性是 0.43。由于采用了 127 类别的科技专利分类，与国外文献中常用的 421 类别专利分布相比，样本中专利分布会更加密集。同行业技术相似性的均值约为不同行业技术相似性均值的 1.7 倍。这符合预期，即同行业公司之间技术更相近。平均而言分析师跟踪了 5 个行业和 33 家公司。分析师跟踪组合中与某个股公司处于同一行业的公司占比（*pInd*）均值为

63%，说明分析师专注于跟踪同行业公司。

Panel B 报告了单变量回归结果，检验技术相似性对分析师持续跟踪决策的影响。根据分析师是否持续跟踪将样本分成两组（*Continue*=1 与 *Continue*=0）。在第一列、第二列中，分别报告了持续跟踪组和中断跟踪组的平均技术相似性（*Tech. Close*）、同行业技术相似性（*Same Ind. Tech. Close*）、不同行业技术相似性（*Dif Ind. Tech. Close*）。可以看出持续跟踪组的技术相似性指标都要高于中断跟踪组。在第三列中，报告了检验两组差异是否显著不等于 0 的 t 统计量，结果表明持续跟踪组样本的技术相似性指标都要显著大于中断跟踪组样本。初步证实了分析师倾向于跟踪技术相近的公司。

分析师跟踪决策还会受到很多其他公司特征与分析师特征的影响。为控制其他变量对分析师跟踪决策的影响，运行式（3-4）和式（3-5）中的多变量回归模型。结果报告在 Panel C 中。在第一列中，关心的变量是目标公司与分析师组合其他公司的技术相似性（*Tech. Close*）。与单变量回归结果一致，发现 *Tech. Close* 的系数在 1%的显著性水平上显著为正，目标公司与分析师组合中其他公司的技术越相近，分析师越有可能在下一年持续跟踪该公司。就经济意义而言，其他变量不变，*Tech. Close* 增加一个标准差意味着下一年持续跟踪该公司的概率比（Odds ratio）增加了约 14.6%。在第二列中，将 *Tech. Close* 替换成同行业技术相似性（*Same Ind. Tech. Close*）和不同行业技术相似性（*Dif Ind. Tech. Close*），发现两者都在 1%的显著水平上显著为正。*Dif Ind. Tech. Close* 系数估计值显著为正，表明技术关联对分析师持续跟踪决策的影响不限于传统的行业界限内。其他变量不变，*Dif Ind. Tech. Close* 增加一个标准差意味着下一年持续跟踪该公司的概率比增加了 4.4%，结果是经济意义显著的。

同时，从控制变量看，分析师倾向于持续跟踪规模更大、盈利能力强、股票市场表现好、股价波动率小、机构持股比例高、跟踪分析师人数多、业务集中度高的公司。分析师跟踪组合中的公司数和行业数代表了分析师任务复杂程度，当分析师面临的任务越复杂时，分析师中断跟踪的概率越大。分析师公司特定经验越高时越倾向于持续跟踪，而从业经验越长的分析师越可能中断跟踪。还发现当分析师所在券商参股的基金或者有分仓佣金关系的基金持有该公司时，分析师继续提供该公司研究报告的可能性越高。明星分析师持续跟踪的概率要高于普通分析师，可能是因为明星分析师对于跟踪组合构成的自主决策权更大。

3.4.2 首次跟踪决策

为检验分析师是否更可能首次跟踪技术相近的公司，运行如下 Logit 回归模型，见式（3-6）：

$$Initial_{i,f,t} = \alpha + \beta_1 Tech.\ Close_{i,f,t} + \beta_2 Firm\ Controls_{f,t-1} + \beta_3 Analyst\ Controls_{i,f,t-1} + Initial\ FEs + \varepsilon \quad (3-6)$$

$$Initial_{i,f,t} = \alpha + \beta_1 Same\ Ind.\ Tech.\ Close_{i,f,t} + \beta_2 Dif\ Ind.\ Tech.\ Close_{i,f,t} + \beta_3 Firm\ Controls_{f,t-1} + \beta_4 Analyst\ Controls_{i,f,t-1} + Initial\ FEs + \varepsilon \quad (3-7)$$

式（3-6）、式（3-7）中，$Initial_{i,f,t}$ 为虚拟变量，对分析师在 t 年首次跟踪的公司取值为 1，匹配公司取值为 0。$Tech.\ Close_{i,f,t}$ 为公司 i 与分析师在 t 年跟踪组合的技术相似性。控制了分析师首次跟踪公司固定效应。

表 3-2 报告了样本描述性统计（Panel A）、单变量回归结果（Panel B）、多变量回归结果（Panel C）。

表 3-2　分析师首次跟踪决策

Panel A：描述性统计					
	Mean	*Std*	*Q1*	*Median*	*Q3*
Initial	0. 212	0. 408	0	0	0
Tech. Close	0. 390	0. 291	0. 130	0. 340	0. 622
Same Ind. Tech. Close	0. 425	0. 309	0. 142	0. 395	0. 693
Dif Ind. Tech. Close	0. 242	0. 256	0. 033	0. 147	0. 382
Tech. Concentration	0. 400	0. 260	0. 208	0. 327	0. 500
Size	22. 387	1. 262	21. 498	22. 220	23. 103
Tobin's Q	2. 786	2. 034	1. 507	2. 200	3. 342
ROA	0. 054	0. 059	0. 023	0. 048	0. 081
Loss	0. 051	0. 221	0	0	0
Ret Volatility	0. 147	0. 130	0. 088	0. 119	0. 170
Ret	0. 096	0. 506	−0. 185	0. 001	0. 242
Inst	0. 401	0. 238	0. 201	0. 409	0. 587

续表

Panel A：描述性统计					
	Mean	*Std*	*Q*1	*Median*	*Q*3
Analyst Coverage	12. 382	11. 012	4. 000	9. 000	18. 000
Segm	0. 791	0. 249	0. 560	0. 945	1. 000
CSI 300	0. 144	0. 351	0	0	0
CSI 500	0. 254	0. 435	0	0	1. 000
Fee Affiliation	0. 454	0. 498	0	0	1. 000
Share Affiliation	0. 035	0. 183	0	0	0
Banking Business	0. 021	0. 142	0	0	0
Star Analyst	0. 212	0. 408	0	0	0

Panel B：单变量回归结果			
	Initial = 1	*Initial* = 0	*Diff in mean*
Tech. Close	0. 421	0. 381	26. 320
Same Ind. Tech. Close	0. 461	0. 415	28. 220
Dif Ind. Tech. Close	0. 260	0. 237	17. 000

Panel C：多变量回归结果		
	Initial	
Tech. Close	0. 737*** (22. 83)	
Same Ind. Tech. Close		0. 587*** (18. 91)
Dif Ind. Tech. Close		0. 318*** (8. 59)
Controls	Yes	Yes
Initial FEs	Yes	Yes
Observations	191954	191954

注：括号中报告了基于分析师层面聚类的标准误的 t 值。*、**、*** 分别表示在 10%、5%、1% 的显著性水平上显著。

Panel A 报告了样本的描述性统计信息。该检验样本有 191954 个观测值。*Initial* 的均值为 0. 212，表明平均而言每个分析师首次跟踪公司匹配到了四个公司。本检验样本的技术相似性、同行业技术相似性、不同行业相似度都要低于表 3-1

中持续跟踪检验样本的相应指标，这也与分析师倾向于跟踪技术相似性高的股票是一致的。

在 Panel B 中，报告了单变量回归结果，检验技术相似性对分析师首次跟踪决策的影响。在第一列、第二列中，分别报告了分析师首次跟踪公司组（*Initial*=1）和匹配公司组（*Initial*=0）的平均技术相似性（*Tech. Close*）、同行业技术相似性（*Same Ind. Tech. Close*）、不同行业技术相似性（*Dif Ind. Tech. Close*）。在第三列中，检验两组差异是否显著不等于 0，结果表明首次跟踪公司组的技术相似性要显著大于匹配公司样本。由于限定匹配公司与首次跟踪公司属于相同行业，所以结果并不受公司所处行业的影响。

Panel C 中的多变量回归结果进一步确认了上述结果。为简洁起见，未报告控制变量的回归结果。在第一列中，技术相似性 *Tech. Close* 在 1%的显著性水平上显著为正。在第二列中，将 *Tech. Close* 替换成同行业技术相似性（*Same Ind. Tech. Close*）和不同行业技术相似性（*Dif Ind. Tech. Close*），发现两者都在 1%的显著性水平上显著为正。其他变量不变时，*Tech. Close*、*Same Ind. Tech. Close*、*Dif Ind. Tech. Close* 增加一个标准差分别意味着首次跟踪概率比增加了 23. 9%、19. 9%和 8. 5%。结果与预期一致，表明公司技术相似性越高，分析师越有可能首次跟踪该公司。

3. 4. 3 IPO 跟踪决策

为检验分析师是否更可能跟踪技术相近的 IPO 公司，运行如下 Logit 回归模型，见式（3-8）、式（3-9）：

$$IPO\ Coverage_{i,f,t}=\alpha+\beta_1 Tech.\ Close_{i,f,t}+\beta_2 Firm\ Controls_{f,t-1}+\beta_3 Analyst\ Controls_{i,f,t-1}+IPO\ Coverage\ FEs+\varepsilon \quad (3-8)$$

$$IPO\ Coverage_{i,f,t}=\alpha+\beta_1 Same\ Ind.\ Tech.\ Close_{i,f,t}+\beta_2 Dif\ Ind.\ Tech.\ Close_{i,f,t}+\beta_3 Firm\ Controls_{f,t-1}+\beta_4 Analyst\ Controls_{i,f,t-1}+IPO\ Coverage\ FEs+\varepsilon \quad (3-9)$$

为检验分析师是否更及时地对技术相近的 IPO 公司发布盈利预测，运行如下 Tobit 回归模型，见式（3-10）：

$$Duration_{i,f,t}=\alpha+\beta_1 Tech.\ Close_{i,f,t}+\beta_2 Firm\ Controls_{f,t-1}+$$

$$\beta_3 Analyst\ Controls_{i,f,t-1}+Time\ FEs+\varepsilon \quad (3-10)$$

以上公式中，$IPO\ Coverage_{i,f,t}$ 为虚拟变量，对在公司上市两年内跟踪该公司的分析师取值为 1，匹配分析师取值为 0。$Duration_{i,f,t}$ 为公司 *IPO* 日期距离跟踪分析师在两年内首次盈利预测的时间间隔，以月份为单位。$Tech.\ Close_{i,f,t}$ 为公司 i 与分析师在随后两年跟踪组合的技术相似性。式（3-8）、式（3-9）控制了跟踪分析师-IPO 公司固定效应，式（3-10）控制了年份固定效应。

表 3-3 报告了样本描述性统计（Panel A）、单变量回归结果（Panel B）、多变量回归结果（Panel C）。

表 3-3　分析师 IPO 跟踪决策

Panel A：描述性统计

	Mean	*Std*	*Q1*	*Median*	*Q3*
IPO Coverage	0. 176	0. 381	0	0	0
Tech. Close	0. 340	0. 278	0. 098	0. 274	0. 536
Same Ind. Tech. Close	0. 361	0. 300	0. 092	0. 299	0. 594
Dif Ind. Tech. Close	0. 221	0. 252	0. 021	0. 121	0. 344
G Exp	3. 114	2. 388	1. 000	2. 000	4. 000
N Ind	3. 863	2. 889	2. 000	3. 000	5. 000
N Com	20. 378	21. 385	8. 000	15. 000	25. 000
Top 10	0. 258	0. 438	0	0	1
Fee Affiliation	0. 332	0. 471	0	0	1
Share Affiliation	0. 021	0. 145	0	0	0
Banking Business	0. 026	0. 159	0	0	0
Star Analyst	0. 070	0. 255	0	0	0
pInd	0. 528	0. 316	0. 212	0. 583	0. 833

Panel B：IPO 跟踪决策单变量回归结果

	IPO Coverage＝1	*IPO Coverage*＝0	*Diff in mean*
Tech. Close	0. 370	0. 326	14. 940
Same Ind. Tech. Close	0. 398	0. 346	16. 320
Dif Ind. Tech. Close	0. 246	0. 208	14. 250

续表

Panel C：IPO 跟踪决策多变量回归结果		
	IPO Coverage	
Tech. Close	1.032*** (7.67)	
Same Ind. Tech. Close		0.678*** (5.15)
Dif Ind. Tech. Close		0.727*** (7.12)
Controls	Yes	Yes
IPO Coverage FEs	Yes	Yes
Observations	47876	47876

Panel D：IPO 跟踪及时性多变量回归结果		
	Duration	
Tech. Close	-0.565 (-0.93)	
Same Ind. Tech. Close		0.386 (0.63)
Dif Ind. Tech. Close		-1.342** (-2.48)
Controls	Yes	Yes
Year FEs	Yes	Yes
Observations	9175	9175

注：括号中报告了基于公司层面聚类的标准误的 t 值。*、**、*** 分别表示在 10%、5%、1%的显著性水平上显著。

Panel A 报告了描述性统计信息。平均 *IPO Coverage* 为 0.176①。平均技术近似度低于持续跟踪和首次跟踪样本的技术近似度，这可能是由于 IPO 公司是较年轻的公司，授权专利数较少。该样本中分析师跟踪的公司数量（*N Com*）均值为 20，而持续跟踪检验中为 33。经检验，差异来自匹配的分析师组，其跟踪组合通常规模较小，这表明在回归中控制分析师特征是必要的。

① 尽管每个 IPO 跟踪分析师都能匹配到五个活跃分析师，但进一步限制了分析师具有不缺失的技术近似度，因此删除了小部分分析师样本。

Panel B 报告了单变量回归结果，将样本分成 IPO 跟踪分析师组（*IPO Coverage*=1）与匹配分析师组（*IPO Coverage*=0），并比较两组样本平均技术相似性（*Tech. Close*）、同行业技术相似性（*Same Ind. Tech. Close*）、不同行业技术相似性（*Dif Ind. Tech. Close*）的差异，结果表明 IPO 公司与跟踪分析师组合中其他股票的技术相似性更高。在 Panel C 中，运行多变量式（3-8）和式（3-9）。发现技术相似性、同行业技术相似性和不同行业技术相似性的系数估计值在 1%的显著性水平上显著正相关，一个标准差的增加意味着分析师跟踪 IPO 公司的概率比分别增加了 33.2%，22.6%和 20.1%。

Panel D 报告了分析师对 IPO 公司预测及时性的多变量回归结果。见式（3-10），因变量为公司上市月份距离分析师首次发布预测月份之间的间隔，取值在 0~23，因此使用 Tobit 回归模型。在第一列中，观察到技术相似性（*Tech. Close*）系数估计值为负，但在统计上不显著。在第二列中，将 *Tech. Close* 替换为同行业技术相似性（*Same Ind. Tech. Close*）和不同行业技术相似性（*Dif Ind. Tech. Close*）。发现 *Dif Ind. Tech. Close* 系数估计值在 1%的显著性水平上显著为负，表明 IPO 公司与分析师跟踪组合中其他不同行业股票技术相近度更高时，分析师越早提供对该公司的盈利预测。其他变量不变时，*Dif Ind. Tech. Close* 增加一个标准差，分析师会早 0.34 个月（10 天）提供研究报告。

3.4.4 稳健性检验

在前面的检验中，参照 Jaffe（1986）使用公司间授权专利数在专利分类的分布的相关性来衡量技术相似性。Bloom 等（2013）指出 Jaffe（1986）测度的一个缺点是假设技术溢出仅发生在同一专利类别中。Bloom 等（2013）认为不同专利类别间也可能存在技术溢出效应，并提出了自己的 *Mahalanobis* 距离测度，该测度允许技术在不同专利类别之间溢出①。未报告的回归结果发现使用 Bloom 等

① 具体而言，Bloom 等（2013）使用不同专利类别之间的距离对公司之间在不同专利分类上的授权专利数进行加权，而专利类别的距离取决于同一个公司内不同专利类别同时出现的频率。如果两个专利类别在同一个公司同时出现频率越高，则认为这两个专利类别距离越近。Bloom 等（2013）的计算方法表述较复杂，为简洁起见，省略该测度的具体描述，更详细信息请参阅 Bloom 等（2013）。

（2013）的测度是稳健的。

3.5 共同分析师同伴公司

接下来，使用共同分析师方法识别同伴公司，并检验共同分析师识别的同伴公司之间的同质性（Homogeneity）。参照 Lee 等（2016）、Ali 和 Hirshleifer（2020）、Kaustia 和 Rantala（2020）以及与后续章节保持一致，定义被至少同一个分析师跟踪的两只股票为共同分析师同伴公司。如果分析师在过去 12 个月中发布过第一财年（FY1）或第二财年（FY2）盈利预测，则认为该分析师跟踪公司。由于分析师会跟踪经济关联或基本面相似的公司，预期分析师识别的关联公司之间，在收益率、市场估值比率、公司财务指标等诸多方面应该具有相似性。

目前，识别同伴公司最普遍的方法是行业分类，同行业其他公司为目标公司的行业同伴公司。选取了两种行业分类标准与共同分析师方法进行对比，分别是证监会行业分类标准（CSRC）和申万行业分类标准。具体而言，对于证监会行业分类标准中除了使用门类（1-digit CSRC）和大类（2-digit CSRC）以外，还使用了文献中常用来控制行业固定效应的一种做法：对于制造业以外的行业使用字母，而对于制造业使用字母加一位数字形式（Mixed-digit CSRC）。对于申万行业分类，使用了一级、二级、三级申万行业分类。

参照 Bhojraj 等（2003）、Lee 等（2015）、Lee 等（2016）、Kaustia 和 Rantala（2020），运行见式（3-11）：

$$Variable_{i,t}=\alpha+\beta Peer\ Variable_{i,t}+e_{i,t} \tag{3-11}$$

式（3-11）中，$Variable_{i,t}$ 为目标公司变量值，$Peer\ Variable_{i,t}$ 为同伴公司的变量均值。比较使用不同的同伴公司识别方法计算的 *Peer Variable* 进行回归得到

的调整 R^2。调整 R^2 衡量了同伴公司均值对于目标公司①变量值的解释力度。当目标公司与同伴公司同质性越高时，得到的 R^2 越高。

对于共同分析师同伴公司均值，使用了两种加权方式，共同分析师人数加权（*Analyst-weighted*）以及等权重（*EW Analyst*）。使用共同分析师人数加权，与目标公司 i 拥有更多共同分析师的同伴公司被分配了更高权重，见式（3-12）：

$$Peer\ Variable_{i,\ t} = \frac{\sum_{j=1}^{N} n_{ij} Variable_{j,\ t}}{\sum_{j=1}^{N} n_{ij}} \tag{3-12}$$

式（3-12）中，$Variable_{j,t}$ 是同伴公司 j 的变量值，n_{ij} 是在时间 t 末测得的同时跟踪公司 i 和公司 j 的共同分析师人数。对于月度收益率，使用 t 月末过去 12 个月的分析师盈利预测数据衡量 n_{ij}；对于估值比率和财务指标，使用 t 年的分析师盈利预测数据衡量 n_{ij}。

探究同伴公司之间月度收益率联动性强度。运行式（3-11）的回归，其中因变量为目标公司的月度收益率，而自变量为同时期同伴公司均值收益率。回归得到的调整 R^2 结果报告在表 3-4 中。在第一列、第二列中，使用全样本进行检验，在第二列中进一步控制了月度固定效应。在所有的模型中，发现使用共同分析师人数加权的同伴公司平均收益率对目标公司月度收益率解释力度都是最大的，表明共同分析师识别的同伴公司与目标公司同质性更高。同时，共同分析师人数加权的同伴公司均值收益率解释力度要高于等权重同伴公司均值收益率，表明共同分析师人数可以用来衡量公司之间经济联系紧密程度。在第三列、第四列中，对 2011~2019 年子样本重复前两列的检验。在样本的后半段，分析师人数越多，分析师识别的关联公司规模越大。发现共同分析师人数加权收益率表现依然是最好的。同时发现，整体 R^2 有所下降，这可能是由于样本后半段中股价包含了更多公司特质信息。

① 目标公司是相对于同伴公司而言的。例如，某几个公司之间存在经济联系，当关注其中某一家公司时，该公司称为目标公司，而其他公司称为该目标公司的同伴公司。

表 3-4 月度收益率同质性

	Monthly Return	*Monthly Return FEs*	*Monthly Return* (2011-2019)	*Monthly Return FEs* (2011-2019)
与证监会行业代码比较				
Analyst-weighted	**47.81**	**48.35**	**45.24**	**45.59**
EW Analyst	46.04	46.53	43.42	43.67
1-digit CSRC	45.10	45.63	42.30	42.58
2-digit CSRC	46.75	47.54	43.98	44.54
Mixed-digit CSRC	45.73	46.24	42.71	42.99
与申万行业代码比较				
Analyst-weighted	**46.50**	**47.11**	**44.46**	**44.86**
EW Analyst	44.82	45.38	42.73	43.03
1-digit SW	46.32	46.69	43.75	44.00
2-digit SW	46.18	47.07	43.67	44.49
3-digit SW	44.67	46.73	42.06	44.15

注：加粗数字为每组比较中表现最好的。

表 3-5 比较了不同同伴公司识别方法下估值比率和财务指标的同质性。参照 Bhojraj 等（2003）、Lee 等（2015）等考虑了市净率（*PB*）、市盈率（*PE*）、企业价值与销售额比率（Enterprise-Value-to-Sales，EVS）、总资产收益率（*ROA*）、净资产收益率（*ROE*）、资产周转率（Asset Turnover，AT）、利润率（Profit Margin，PM）、账面杠杆（Book Leverage，LEV）。发现除了与销售收入有关的变量，即企业价值与销售额比率 *EVS* 和资产周转率 *AT*，分析师人数加权的同伴均值对于目标公司的解释力度都要高于其他分类方法。例如，共同分析师人数加权平均的 *PB* 值变动能解释 26.47%的目标公司 *PB* 变化，是表现最好的行业分类标准的两倍；净资产收益率 *ROE* 上，共同分析师人数加权的同伴公司均值 *ROE* 解释力度是表现最好的行业同伴公司识别方法（3-digit SW）的 4 倍。证监会行业分类中的大类与申万行业三级分类在企业价值与销售额比率 *EVS* 和资产周转率 *AT* 中表现要更好一些。其中，一个可能的原因是同行业同伴公司之间经营业务或商业模式等更为相近；另一个可能的原因是共同分析师识别的同伴公司数

量较多，如第4章所述，样本期内一个公司平均而言有106个同伴公司[①]，而证监会行业大类为72，申万三级行业分类为25。总体而言，相较于行业分类标准，共同分析师人数加权的同伴公司识别方法是一种表现较优的方法。

表3-5　估值比率、财务指标同质性

	PB	*PE*	*EVS*	*ROA*	*ROE*	*AT*	*PM*	*LEV*
与证监会行业比较								
Analyst-weighted	**26.47**	**7.45**	24.50	**9.56**	**9.52**	19.04	**8.45**	**19.93**
EW Analyst	22.73	5.66	20.80	5.69	4.63	13.87	4.81	16.33
1-digit CSRC	13.05	6.85	25.84	0.58	0.62	20.35	1.53	13.16
2-digit CSRC	8.94	4.71	**30.19**	4.21	1.11	**24.96**	6.23	14.16
Mixed-digit CSRC	10.78	6.55	25.96	2.06	0.46	21.34	2.46	12.36
与申万行业代码比较								
Analyst-weighted	**25.43**	**7.12**	26.24	**9.84**	**9.22**	16.96	**7.63**	19.26
EW Analyst	21.73	5.19	22.16	6.05	4.21	12.51	4.51	15.46
1-digit SW	12.54	5.45	23.63	3.20	0.94	19.40	2.70	13.63
2-digit SW	12.25	4.61	27.86	4.62	2.18	30.15	4.94	17.13
3-digit SW	14.25	3.79	**29.45**	5.31	2.42	**31.59**	6.06	**19.27**

注：加粗数字为每组比较中表现最好的。

图3-1描绘了每种同伴公司识别方法同质性表现（调整 R^2）相对于表3-5中每个指标上最优表现（Highest R^2）之比的均值。如图3-1所示，共同分析师人数加权的方法平均表现为最优表现的92%，而表现最好的行业分类方法是三级申万行业分类方法，其对应的比率为71%。从最优的行业分类方法到分析师人数加权的方法同质性表现提升了21%，表明共同分析师同伴公司同质性表现相较于行业分类方法有较大提升。

① 计算截面平均值的时间序列均值。

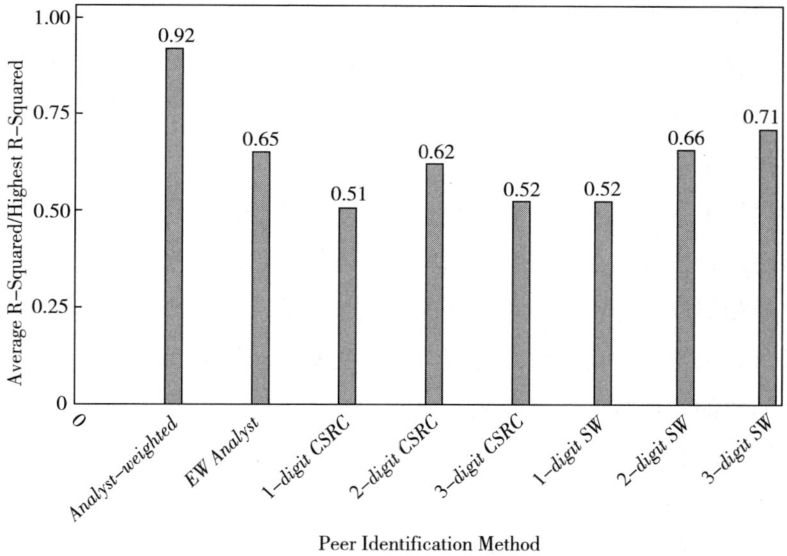

图 3-1　不同同伴公司识别方法平均同质性表现相对于最优表现之比

3.6　本章小结

本章从公司间技术关联这一维度直观展示了公司间经济联系对分析师跟踪组合构成决策的影响。技术相近的公司之间存在技术溢出效应，面临很多共同的冲击和不确定性，可能竞争相同的生产投入和技术人员，因此技术相近的公司之间存在共性。同时，不同于离散的行业或地理联系，技术相似性是连续变量，可以衡量公司间技术联系强度。结果表明当目标公司与分析师跟踪组合中其他公司技术更相近时，分析师持续跟踪（Continue coverage）、首次跟踪（Initial coverage）、以及在公司 IPO 以后跟踪（IPO coverage）的可能性更高，并且会提供更及时的研究报告，表明分析师更倾向于跟踪技术相近的公司。并且，这种关系不局限于同一行业内，跨行业的技术相似性也会影响分析师跟踪决策。这表明分析师跟踪组合决策考虑的公司间经济联系不限定于行业内，可以突破传统行业界限。在未报告的结果中，发现分析师跟踪技术相似的公司能提升盈利预测准确性和投资评级营利性，表明分析师能从跟踪技术相似公司中获得信息优势。本章为后续使用共同分析师识别同伴公司以及共同分析师同伴公司之间的领先-滞后效应、股价联动效应提供了基础。

本章提供了 A 股市场上分析师倾向于跟踪技术相近公司的证据，表明分析师在考虑跟踪组合构成时，不仅会考虑单个公司特征，还会考虑跟踪组合内公司之间的基本面相似性和经济联系。以往的研究大多从单个公司特征如何影响公司跟踪分析师人数来探究分析师跟踪决策，鲜有文献从公司之间联系角度探讨分析师跟踪组合构成的。仅有的发现也限于同行业内（罗棪心等，2020），而发现跨行业的技术相似性会影响分析师跟踪组合构成。这丰富了关于分析师跟踪决策的国内研究，也通过提供来自最大新兴市场，A 股市场的证据回应了 Beyer 等（2010）关于开展更多对分析师跟踪组合构成决策研究的呼吁。

本章还对比了共同分析师跟踪方法与证监会行业分类方法、申万行业分类方法识别的同伴公司同质性差异。总体而言，共同分析师跟踪方法识别的同伴公司同质性较高。结果表明分析师基于多种公司间经济联系或相似性决定跟踪组合构成，为共同分析师跟踪识别同伴公司提供了一种基于分析师“群体智慧”的方法。本章也为后续章节的研究奠定了基础。

4 共同分析师跟踪与领先-滞后效应

4.1 引言

近年来，A 股市场经历了快速发展。中国 A 股纳入 MSCI 新兴市场指数这一事件表明中国金融市场正在努力开放，A 股市场在全球资产配置中的重要性日益凸显。同时，A 股市场有一些独有的特征，如卖空限制、散户投资者贡献了大部分交易量、涨跌幅限制等。中国 A 股的快速增长和独特特征吸引了越来越多的文献研究在发达资本市场发现的股票收益率现象是否在 A 股市场上仍然成立。已有文献发现，关于公司规模、流动性、波动率和极端收益率等异象因子的结果是一致的（Chen et al.，2010；Carpenter and Whitelaw，2017；Hsu et al.，2018），而关于其他一些因子（如估值比率）的证据则是不统一的（Chen et al.，2010；Carpenter and Whitelaw，2017）。在美国市场上相当强的中期动量效应（Intermediate-horizon Momentum Effect），在 A 股市场上却不存在（鲁臻和邹恒甫，2007；潘莉和徐建国，2011；高秋明等，2014；Hsu et al.，2018；Liu et al.，2019），这突出了对中国股票市场异象展开研究的必要性。

本书关注一种在美国市场上被广泛研究（Cohen and Frazzini，2008；Cohen and Lou，2012；Lee et al.，2019；Ali and Hirshleifer，2020；Parsons et al.，2020）但在中国股票市场上关注较少的横截面收益率现象：领先-滞后效应（Lead-lag Effect），在某些研究中也称为跨资产动量效应（Cross-asset Momentum Effect）

或动量溢出效应（Momentum Spillover Effect），是指领先公司股票收益率能预测滞后公司股票收益率的现象。经济关联公司受到很多共同的信息冲击。由于投资者和分析师受到有限注意、市场摩擦或者利益动机有关偏差的影响，对共同信息处理和传递不及时，共同信息并不是同时反映在关联公司股价中，而是在关联公司之间缓慢传递，信息在一部分公司股票价格中先反映出来（领先公司），一段时间后才被吸收进另一些公司股票价格中（滞后公司），因此观察到领先公司股票收益率对滞后公司股票收益率具有预测能力。

关于领先-滞后效应的研究很丰富。研究者发现了基于各种公司间经济联系的收益率领先-滞后效应，如行业动量效应（樊澎涛和张宗益，2006；Moskowitz and Grinblatt，1999；Su，2011）、龙头股与跟随股领先-滞后效应（宋逢明和唐俊，2002）、客户动量效应（Cohen and Frazzini，2008）、供应商行业动量效应和客户行业动量效应（Menzly and Ozbas，2010；Li et al.，2020）、复杂公司和单一公司之间的领先-滞后效应（Cohen and Lou，2012）、战略同盟领先-滞后效应（Cao et al.，2016）、技术动量效应（Lee et al.，2019）、地理动量效应（Parsons et al.，2020）。Ali 和 Hirshleifer（2020）发现目标公司[①]的共同分析师同伴公司过去收益率对该公司的未来收益率具有很强的预测能力。他们还发现在控制了共同分析师领先-滞后效应之后，其他几种领先-滞后效应的显著性消失了，从而统一了领先-滞后效应文献。

本章将在第 2 章的基础上使用共同分析师跟踪识别同伴公司，探究 A 股市场上共同分析师动量效应是否存在，并与行业动量效应、地理动量效应、技术动量效应、客户行业动量效应和供应商行业动量效应进行比较以示区别[②]。检验 A 股市场上是否存在共同分析师动量效应是个有趣的话题。Ali 和 Hirshleifer（2020）将他们在美国市场的发现推广到其他 11 个发达资本市场，发现领先-滞后效应存在于多个发达资本市场。A 股市场作为全球最大的新兴资本市场，有其独有的特征，有必要对 A 股市场上的收益率领先-滞后效应进行检验。同时，我国资本市

① 如第 3 章所述，目标公司是相对于同伴公司而言的。例如，某几个公司之间存在经济联系，当关注其中某一家公司时，该公司称为目标公司，而其他公司称为该目标公司的同伴公司。

② 由于大部分上市公司通过匿名方式披露前 5 大客户/供应商信息，横截面观测值太少不足以开展有意义的研究，因此无法参照 Cohen 和 Frazzini（2008）的方法检验客户动量效应。

场的某些特征暗示着我国股市上收益率领先-滞后效应可能较强。我国股市投资者以散户投资者为主。中国证券投资者保护基金有限责任公司发布的《2019年度全国股票市场投资者状况调查报告》显示，截止到2019年12月31日，全国股票投资者数量为1.60亿，其中自然人投资者占比99.76%。散户投资者信息收集与处理能力较弱，受到有限注意等行为偏差影响较大，无法及时、充分地对关联信息做出反应。此外，我国证券分析师出于利益动机发布有偏报告的事件层出不穷，分析师发布有偏报告将阻碍共同信息及时充分传递到关联公司的股价中。

另外，A股市场上散户投资者的过度交易可能使得无法观察到月度频率的领先-滞后效应。领先-滞后效应在某些文献中又称为跨资产动量效应，与个股动量效应类似，都是关于收益率可持续性的现象，只是前者是关于两个股票之间的，而后者是单个股票自身的。大量文献记载，月频个体动量效应这一美国市场上非常显著的资产定价异象，在中国市场上并不显著（鲁臻和邹恒甫，2007；潘莉和徐建国，2011；高秋明等，2014；Hsu et al.，2018；Liu等，2019）。一个可能的解释是我国股市上股价对信息的调整周期更短（Hsu et al.，2018），这与我国市场上散户投资者贡献了大部分交易量以及其交易频率是美国市场投资者4倍的证据是一致的（Chen et al.，2007）。那么，散户投资者的过度交易是否会加速共同信息在关联公司之间的传递从而使得领先-滞后效应消失呢？

本章基于2002~2019年A股上市公司数据进行实证分析，探究是否存在共同分析师领先-滞后效应。通过排序组合法和Fama-MacBeth截面回归法，发现共同分析师同伴公司的过去收益率对目标公司未来收益率具有显著的预测能力。按照同伴公司过去收益率对样本公司排序，做多最高五分位数组股票，做空最低五分位数组股票构建的市值加权（Value-weighted）多空投资组合，能获得五因子（市场、规模、价值、换手率和短期反转因子）月度超额收益（α）为1.41%（t=4.16）。类似的等权重投资组合能获得五因子月度超额收益为1.25%（t=4.61）。共同分析师动量效应不同于行业、地理位置、客户行业、供应商行业、技术动量效应，也无法被其他几个重要的横截面收益率因子解释。

本章进一步探究了共同分析师领先-滞后效应的形成机制，结果表明，共同分析师领先-滞后效应来源于关联信息缓慢传递引起的错误定价。复杂的信息处理任务、投资者有限注意、分析师滞后信息更新会加重关联信息的缓慢传递，而基金共同持股能加速信息传递。同伴公司收益率中包含目标公司未来基本面信息。在业绩公告日，大量信息的释放修正了投资者之前的错误估值，引起更显著的领先-滞后效应。本章还发现投资者对同伴公司的有形信息及时充分地做出反应，而对无形信息反应存在滞后。本章还进行了一些附加检验，发现共同分析师人数越多时领先-滞后效应越强，表明更多共同分析师跟踪代表更强的经济联系，共同分析师识别的公司间经济联系随时间推移是相对稳定的，领先-滞后效应在短期是最强的。

本章提供了中国 A 股市场上共同分析师领先-滞后效应的实证证据，并与地理动量效应、技术动量效应、客户行业动量效应和供应商行业动量效应进行比较，这补充了 A 股市场实证资产定价异象的文献①。本书的结果表明，A 股市场上存在多种显著的领先-滞后效应，需要控制 A 股市场上领先-滞后效应的研究者应该优先选择控制共同分析师领先-滞后效应。对领先-滞后效应形成机制的检验丰富了错误定价引起资本市场异象的证据。本章对领先-滞后效应形成机制的检验丰富了错误定价引起资本市场异象的证据。

本章后续部分安排如下：4.2 介绍了领先-滞后效应的理论模型；4.3 介绍了数据和变量；4.4 报告了 A 股市场上是否存在共同分析师领先-滞后效应的检验结果，并与其他几种领先-滞后效应作比较；4.5 详细地探讨了形成机制；4.6 报告了三个附加检验和稳健性检验；4.7 为本章小结。

4.2 领先-滞后效应的理论模型

本节建立关联公司之间共同信息滞后传递引起收益率领先-滞后效应的模型。本节的模型简化自 Parsons 等（2020）的模型。

该模型为 3 期模型，有三个日期，$t=0$，1，2，两个公司 $i=1$，2。假设利率为 0，投资者风险中性。公司 1 在 $t=1$ 时实现清算股利 π_1，公司 2 在 $t=2$ 时实现

① Li 等（2020）也提供了 A 股市场上供应商行业和客户行业的领先-滞后效应。

清算股利 π_2。清算股利由两个部分组成，一部分是公司间共同的经济冲击 C，另一部分是公司特定的 ε。

公司 1 与公司 2 都受到共同经济冲击 C 的影响。公司 i 的清算股利见式（4-1）：

$$\pi_1 = C + \varepsilon_1$$

$$\pi_2 = C + \varepsilon_2 \tag{4-1}$$

其中，共同经济冲击 C 以及公司特定部分 ε 都服从正态分布见式（4-2）：

$$C \sim N(0,\ \sigma_C^2)$$

$$\varepsilon_i \sim N(0,\ \sigma_\varepsilon^2) \tag{4-2}$$

并且 C、ε_1、ε_2 之间都是相互独立的。

$t=0$ 时，投资者对两个公司的期望清算股利都等于 0，因此价格也等于 0。$t=1$ 时，公司 1 公布盈利公告，其盈利公告中包含能够用来对公司 2 的股票更新价格的信息。

如果 $t=1$ 时投资者能观察到公司 1 的信息并将其吸收到股票 2 中（情况 1），那么股票 2 在 $t=1$ 时刻的价格如式（4-3）所示：

$$P_{t=1}^2 = E[\pi_2 \mid \pi_1] = \pi_1\left(\frac{\sigma_C^2}{\sigma_C^2+\sigma_\varepsilon^2}\right) \tag{4-3}$$

如果在 $t=1$ 时刻投资者没有观察到公司 1 中的信息（情况 2），那么公司 2 在时刻 1 的价格见式（4-4）：

$$P_{t=1}^2 = 0 \tag{4-4}$$

记情况 1 发生的可能性为 p，那么公司 2 在时刻 1 的期望价格为 $p\pi_1\left(\frac{\sigma_C^2}{\sigma_C^2+\sigma_\varepsilon^2}\right)$。公司 1 从 $t=0$ 到 $t=1$ 的收益率与公司 2 从 $t=1$ 到 $t=2$ 的收益率之间的协方差见式（4-5）：

$$\begin{aligned} & cov(P_{t=1}^1 - P_{t=0}^1,\ P_{t=2}^2 - P_{t=1}^2) = cov(\pi_1,\ \pi_2 - P_{t=1}^2) \\ &= cov(\pi_1,\ \pi_2) - cov(\pi_1,\ P_{t=1}^2) \\ &= \sigma_C^2 - cov\left(\pi_1,\ p\pi_1\left(\frac{\sigma_C^2}{\sigma_C^2+\sigma_\varepsilon^2}\right)\right) \\ &= \sigma_C^2(1-p) \end{aligned} \tag{4-5}$$

当 $p \neq 1$ 时，$cov(P_{t=1}^1 - P_{t=0}^1,\ P_{t=2}^2 - P_{t=1}^2) > 0$，此时公司 1 收益率能预测公司 2

未来的收益率，即领先-滞后效应；当 $p=1$ 时，$cov(P_{t=1}^{1}-P_{t=0}^{1},\ P_{t=2}^{2}-P_{t=1}^{2})=0$，公司 1 收益率对公司 2 未来的收益率不具有预测能力。

从以上模型可以看出，收益率领先-滞后效应的存在有两个要素，一是公司之间受到共同的经济冲击，二是共同信息并非同时反映在关联公司股价中。

4.3 数据和变量

本章的样本包括在上海证券交易所和深圳证券交易所上市的所有 A 股股票。分析师盈利预测的数据来自国泰安数据库（CSMAR）。本章定义被至少同一个分析师跟踪的两只股票为共同分析师同伴公司①。若分析师在过去 12 个月中对目标公司发布过第一财年（FY1）或第二财年（FY2）盈利预测，则认为该分析师跟踪该公司。在识别了共同分析师关联公司之后，计算在 t 月公司 i 的关联公司的加权平均收益（关联公司收益，Correlated Firm Return，CF Ret），见式（4-6）：

$$CF\ Ret_{i,\ t}=\frac{\sum_{j=1}^{N}n_{ij}R_{j,\ t}}{\sum_{j=1}^{N}n_{ij}} \tag{4-6}$$

式（4-6）中，$R_{j,t}$ 是第 t 个月公司 j 的原始收益率，n_{ij} 是在 t 月末测得的同时跟踪公司 i 和公司 j 的共同分析师人数，用作收益率权重，对拥有更多共同分析师的同伴公司分配更高权重。这里隐含的假设是，更多共同分析师表示更强的基本面相似性或经济联系②。

本章的主要样本时间是从 2002 年 11 月开始（该月为连续 12 个月分析师盈利预测数据可得的第一个月），至 2019 年 12 月结束。为了减轻小盘股或流动性差股票的潜在影响，剔除月末价格低于 5 元的股票。

公司财务指标、股票收益率、行业分类和公司总部所在地数据来自 CSMAR。

① 在表述中交替地使用关联公司或同伴公司。

② 在附加检验中对这一假设进行了检验。

由于 A 股上市公司在 4 月底之前报告上一财年的财务业绩，因此假设 $t-1$ 年的财务数据在 t 年 4 月底可用。除了共同分析师动量效应外，还计算了行业动量效应、地理动量效应、技术动量效应、客户行业动量效应和供应商行业动量效应①。对于地理领先-滞后效应，定义公司总部所在地邮政编码的前四位为公司所处位置，该数字对应公司总部所在的城市或县②。根据 Parsons 等（2020），地理同伴收益率被定义为总部所在地与公司 i 位于相同城市或县的邻近公司股票的等权平均收益率。行业分类采用了中国证券监督管理委员会的行业分类标准中的大类③。

根据 Lee 等（2019）的方法计算技术动量。授权专利数据下载自 CNRDS 的中国创新研究数据库中，并从中国国家知识产权局手动下载了 IPO 之前的专利数据作为补充。参照 Lee 等（2019），在分析技术动量效应时剔除了金融类公司，并假设专利数据在授权年结束六个月后公开。具体来说，将授权年 t 过去 5 年的专利数据与 $t+1$ 年 7 月到 $t+2$ 年 6 月的股票收益率匹配。CNRDS 数据库提供了可追溯到 1990 年中国股市开放交易时的专利记录。但是在早期，上市公司专利授权记录较少。为了获得足够的横截面样本观测值，模型中包含技术动量的检验样本从 2006 年 6 月开始，这是首次有超过 100 家公司同时通过共同分析师和技术空间关联④。

参照 Lee 等（2019），股票 i 的技术同伴收益率定义为与股票 i 技术近似性不为零的关联股票的平均收益，并且使用技术相似性作为权重。公司 i 和公司 j 之

---

① 有关行业动量效应，请参见 Moskowitz 和 Grinblatt（1999）；有关地理动量效应，请参见 Parsons 等（2020）；有关技术动量效应，请参见 Lee 等（2019）；有关客户行业和供应商行业动量效应，请参见 Menzly 和 Ozbas（2010）。

② CSMAR 提供公司每年财务报告中公布的总部所在地信息，而 Parsons 等（2020）使用的从 Compustat 获得的地理位置数据仅保留公司当前总部所在地信息，因此在样本中，不受公司总部搬迁可能引入的测量误差的影响。

③ 第 3 章在检验分析师跟踪决策时使用申万行业分类，因为申万行业分类在分析师行业中被广泛运用。而在本章，计算行业动量时使用证监会行业分类中的大类是因为发现在模型中控制使用大类计算的行业动量效应对共同分析师动量效应削弱程度最大。这也可以从 3.5 的共同分析师同伴公司同质性结果看出，使用大类识别的行业同伴公司月度收益率同质性高于其他行业分类方法。结果使用其他行业分类方式是稳健的。

④ 在 2006 年 2 月后的所有月份中，存在技术关联的公司数目都超过 100 多家。由于在模型中用技术动量与共同分析师动量效应做比较，因此选择从 2006 年 6 月开始研究。如果从 2006 年 2 月开始，结果是相似的。

间的技术相似性定义为两家公司授权专利在专利分类上分布的相关性，具体计算如式（4-7）所示：

$$Tech_{ijt}=\frac{(T'_{it}T_{jt})}{(T'_{it}T_{it})(T'_{jt}T_{jt})} \tag{4-7}$$

其中，$T_{it}=(T_{it1}, T_{it2}, \cdots, T_{it127})$ 是公司 i 在过去 5 年中获得授权专利在 127 个国际专利分类上所占份额的向量。中国国家知识产权局 CNIPA 采用国际专利分类（IPC）作为分类系统。在研究中，使用分类系统的第二级（Class），即专利代码的前三位字母与数字来构建技术专利空间。

参照 Menzly 和 Ozbas（2010）计算了供应商行业动量和客户行业动量。供应商行业动量为除目标公司所属行业外的其他所有行业的加权平均行业收益率，其中权重为投入产出表中其他行业向目标公司所属行业提供的产品占目标公司所属行业生产投入的比例。客户行业动量为除目标公司所属行业外的其他所有行业的加权平均行业收益率，其中权重为投入产出表中其他行业消耗了目标公司行业总产出的比例。

需要特别说明的是采用的中国股票市场因子模型。Liu 等（2019）指出，A 股市场上市值最小 30%的公司受到较严重壳价值污染（Shell-value contamination）的影响，他们提出的因子模型是通过剔除市值最小 30%的股票而不是直接复制 Fama 和 French（1993）来构建的。本书采用 Liu 等（2019）提出的 CH-3 因子和 CH-4 因子模型作为基准因子模型。CH-3 分别为市值因子（MKT）、规模因子（Small Minus Big，SMB）、价值因子（Value Minus Growth，VMG）。其中，价值因子（Value factor）是基于盈利价格比（Earnings/Price），而不是美国文献中广泛使用的账面市值比。CH-4 模型为 CH-3 加上异常换手率作为第四个因子（Pessimistic Minus Optimistic，PMO）①。因子收益率数据下载自 Robert Stambaugh 的网站②。第五个因子是短期反转因子（Short-term Reversal，ST Rev.），参照

① 使用换手率构建第四个定价因子的理由为：中国 A 股市场主力军为散户投资者，而且做空股票的成本很高，股票尤其容易受到投资者情绪的影响，换手率被认为是衡量投资者情绪的指标（Baker and Stein，2004；Wurgler and Baker，2006）。中国股票市场没有显著的动量效应（Liu et al.，2019），因此没有使用动量因子作为第四个因子。

② Robert Stambaugh 的网站：http：//finance. wharton. upenn. edu/~stambaug/。本书写作时，他们提供的数据只更新到了 2018 年。参照他们的方法来补充 2019 年的因子收益数据。

Liu 等（2019）剔除了最小 30%的股票并使用了公司规模中性（size-neutral）的排序来计算短期反转因子收益率。

表 4-1 报告了样本公司的描述性统计数据。其中，Panel A 的前五行报告了各种分析师连接特征的每月横截面描述性统计量的时间序列均值，分别是同伴公司数目（*#connect firms*）、共同分析师人数（*#analysts*）、共同分析师同伴中属于行业同伴、地理同伴或技术同伴的比率（*% connect firm overlap*）、共同分析师关联公司样本的市值（*Sample market cap.*）、全市场公司市值（*All market cap.*）。平均而言，每家公司通过 10 位共同分析师与 106 个同伴公司关联。大约 42%的分析师同伴公司还通过其他三种关联（行业关联、地理位置关联或技术关联）关联在一起，这表明除了这三种经济关联之外，共同分析师关联还可能识别了其他经济联系或基本面相似性。Panel A 的后两行报告了每月截面上样本公司数目占全市场上市公司总数的比例（*% total stocks*）以及样本公司总市值占全市场所有上市公司总市值的比例（*% total market cap*）的时间序列均值。分析师同伴公司规模要大于市场平均水平：就公司数量而言，样本占市场股票总数的 67%，而以市值计算则占 86%总市值；样本公司平均市值为 135.4 亿元，而 A 股上市公司平均市值为 105.1 亿元，这与以往文献中记载的分析师倾向于跟踪规模较大公司是一致的。

表 4-1　描述性统计

Panel A

	Min	*Median*	*Mean*	*Max*	*Std*
#connect firms	1.21	93.43	106.48	384.72	73.32
#analysts	1	7.51	10.30	51.36	9.07
% connect firm overlap	0	0.42	0.43	1	0.27
Sample market cap.	0.10	0.52	1.35	130.82	4.99
All market cap.	0.02	0.41	1.05	131.52	4.24
% total stocks	0.19	0.73	0.67	0.90	0.17
% total market cap.	0.27	0.92	0.86	0.99	0.16

Panel B：*CF Ret* 五等分组的平均公司特征

	ME	*EP*	*Turnover*	*Asset Growth*	*Gross Profit*	*Ret*	*Mom*
1	1.47	0.28	0.94	0.28	0.51	-1.76	0.27

续表

Panel B：*CF Ret* 五等分组的平均公司特征							
	ME	*EP*	*Turnover*	*Asset Growth*	*Gross Profit*	*Ret*	*Mom*
2	1. 29	0. 27	0. 96	0. 30	0. 55	0. 23	0. 25
3	1. 24	0. 26	0. 98	0. 30	0. 56	1. 64	0. 25
4	1. 30	0. 26	1. 02	0. 29	0. 54	3. 40	0. 25
5	1. 47	0. 25	1. 11	0. 27	0. 51	6. 78	0. 28

注：市值 *Sample market cap.*，*All market cap.*，ME 的单位是百亿。EP 为对应数值 * 10-1。Asset Growth 和 Gross Profitability 在截面上 1%和 99%处缩尾。

Panel B 报告了按照 *CF Ret* 五等分以后几个横截面股票收益率决定因素月度均值的时间序列平均值。五分位数 1（5）表示 *CF Ret* 最低（最高）的组。发现 *CF Ret* 最高最低五分位数组中的股票比其他组市值（*ME*）更大，这减轻了对于后续发现的多空策略异常收益率来自于流动性差或小市值股票的担忧。盈利价格比（*EP*）随 *CF Ret* 增加而单调降低，而异常换手率（*Abnormal turnover*）以及目标公司收益率（*Ret*）随 *CF Ret* 增加而单调增加。由于这些变量在 A 股市场存在相关的异象效应（Liu et al.，2019），有必要在多元回归中加以控制。

4.4 共同分析师领先-滞后效应

4.4.1 基本面联系

在进行收益率领先-滞后效益检验之前，先验证一个基本前提，即被共同分析师跟踪的公司是相互关联的或基本面相似的①。结果报告在表 4-2 中。在 Panel A 中，将目标公司的年度销售收入增长率［*Sales Growth*(*t*)］对同时期共同分析

① 第 3 章也检验了共同分析师同伴公司的基本面相似性。在此进一步检验，并且重点是说明共同分析师联系比其他几种经济联系更紧密。

师同伴公司［*CF sales growth*(*t*)］、行业同伴［*Ind. sales growth*(*t*)］、地理同伴［*Geo. sales growth*(*t*)］、技术同伴［*Tech. sales growth*(*t*)］、客户行业［*Cust. ind. sales growth*(*t*)］和供应商行业［*Sup. ind. sales growth*(*t*)］的平均销售收入增长率回归。还考虑了利润增长率（*Profit growth*①）和每股净利润 EPS 增长率（*EPS growth*），为简洁起见未在此报告。预计经济联系更紧密的同伴公司的基本面指标之间表现出更强的同时期相关性。所有模型都控制了公司固定效应和年固定效应、公司规模和账面市值比。为简洁起见，未报告控制变量的结果。为了便于比较，所有自变量均在横截面上标准化使得均值为 0 和方差为 1。

表 4-2 基本面联系

Panel A：*Sales Growth*（*t*）						
	(1)	(2)	(3)	(4)	(5)	(6)
CF sales growth（*t*）	0.049*** (7.91)	0.040*** (6.89)	0.046*** (7.50)	0.030*** (17.44)	0.047*** (7.30)	0.045*** (7.32)
Ind. sales growth（*t*）		0.027*** (7.09)				
Geo. sales growth（*t*）			0.005* (1.89)			
Tech. sales growth（*t*）				0.051*** (6.80)		
Cust. ind. sales growth（*t*）					0.019*** (4.10)	
Sup. ind. sales growth（*t*）						0.016*** (3.87)
Controls	Yes	Yes	Yes	Yes	Yes	Yes
Firm FE	Yes	Yes	Yes	Yes	Yes	Yes
Time FE	Yes	Yes	Yes	Yes	Yes	Yes
Observations	20515	20507	18256	12065	20236	20359
R-squared	0.260	0.265	0.266	0.346	0.267	0.264

① 利润增长为年度利润增长除以公司总资产。

续表

Panel B：*Sales Growth*（t+1）						
	(1)	(2)	(3)	(4)	(5)	(6)
CF sales growth（*t*）	0.015* (1.99)	0.014** (2.18)	0.014* (1.87)	0.012** (2.19)	0.014* (1.93)	0.014* (1.75)
Ind. sales growth（*t*）		0.007 (1.39)				
Geo. sales growth（*t*）			0.003 (1.75)			
Tech. sales growth（*t*）				0.009 (1.63)		
Cust. ind. sales growth（*t*）					0.002 (0.31)	
Sup. ind. sales growth（*t*）						0.005 (1.25)
Controls	Yes	Yes	Yes	Yes	Yes	Yes
Firm FE	Yes	Yes	Yes	Yes	Yes	Yes
Time FE	Yes	Yes	Yes	Yes	Yes	Yes
Observations	20588	18210	18240	10551	20297	20421
R-squared	0.252	0.264	0.257	0.331	0.256	0.254

注：所有变量在1%水平双侧缩尾。括号中报告了基于年份聚类标准误的t统计量。*、**、***分别表示在10%、5%、1%的显著性水平上显著。

Panel A结果表明，共同分析师同伴公司的销售收入增长率之间存在很强的同期相关性。未报告的利润增长和每股净利润也说明了类似的结论。*CF sales growth*（*Profit growth*，*EPS growth*）增加一个标准差，目标公司销售增长率（利润增长率、EPS增长率）提高4.9%（0.8%、27.8%）。在接下来的五列中，依次将通过其他五种经济联系计算的同伴公司平均基本面增长率加入到模型中，除了模型（4）中的技术联系以外，共同分析师同伴公司平均基本面指标上系数估计值都更大。例如，在Panel A的第二列中，模型同时包含共同分析师同伴公司销售收入增长率和行业同伴销售收入增长率，看到其他变量不变，行业同伴公司销售收入增长率增加一个标准差意味着目标公司销售收入增长率提高2.7%，是共同分析师同伴销售收入增长率影响的68%左右。

Panel B 中，将目标公司下一年的销售收入增长率［*Sales Growth*(*t*+1)］对同伴公司平均销售收入增长率进行回归，以检验基本面信息的可预测性。同样地，为简洁起见，没有报告利润增长率和每股净利润 EPS 增长率的回归结果。在所有模型中，共同分析师同伴公司销售收入增长率对目标公司未来销售收入增长率的预测能力都比其他经济联系更强。结果表明，共同分析师同伴公司的平均基本面指标对目标公司基本面指标具有显著的预测能力，并且与其他经济联系相比拥有更强的预测能力。

这些结果表明，共同分析师跟踪的同伴公司的基本面是相关的，共同分析师连接捕捉到了很强的公司之间基本面相似性，这为收益率领先-滞后效应的检验奠定了基础。此外，还提供了 A 股市场沿行业、地理位置、技术空间和供应链的经济联系的证据。

4.4.2 排序组合法

排序组合法（Portfolio sort）是实证资产定价中常用的检验收益率异象的方法。将使用排序组合法检验 A 股市场上是否存在共同分析师领先-滞后效应。表 4-3 报告了排序组合法检验结果。每个月末，根据股票在当月的共同分析师同伴平均收益率（*CF Ret*）将股票等分为五组，每组内的股票按市值加权或等权重形成投资组合。参照 Liu 等（2019），使用上月末发行在外的 A 股市值作为市值加权投资组合的权重。持有投资组合不变直到下个月底。值得注意的是，排序组合检验样本期为 206 个月，相对来说短于发达资本市场研究中典型的情况，而 Liu 等（2019）指出排序组合检验需要足够大的样本以获得足够的统计效力。

表 4-3 排序组合检验

Panel A：*CF Ret* 排序分组多空组合平均月度收益					
Quintile	*Excess return* (%)	*CAPM alpha* (%)	*CH-3 alpha* (%)	*CH-4 alpha* (%)	5-*F alpha* (%)
1（Low）	1.03 (1.37)	0.30 (1.02)	0.04 (0.25)	-0.03 (-0.21)	-0.08 (0.50)
5（High）	1.96 (2.32)	1.15 (3.31)	1.06 (4.00)	1.11 (4.63)	1.17 (4.84)

续表

Panel A：*CF Ret* 排序分组多空组合平均月度收益

Quintile	*Excess return* (%)	*CAPM alpha* (%)	*CH-3 alpha* (%)	*CH-4 alpha* (%)	*5-F alpha* (%)
L/S（等权）	0.93 (3.43)	0.85 (3.34)	1.02 (3.56)	1.14 (4.14)	1.25 (4.61)
1（Low）	0.73 (1.11)	0.07 (0.34)	-0.10 (-0.42)	-0.26 (-1.05)	-0.33 (-1.42)
5（High）	1.43 (1.82)	0.65 (2.89)	0.70 (2.53)	0.99 (3.62)	1.08 (4.62)
L/S（市值）	0.70 (1.92)	0.58 (1.74)	0.80 (1.97)	1.25 (3.03)	1.41 (4.16)

Panel B：风险因子载荷

Quintile	*Alpha* (%)	*MKT*	*SMB*	*VMG*	*PMO*	*ST Rev.*
1（Low）	-0.08 (-0.50)	0.97 (41.82)	0.67 (13.01)	-0.11 (-1.38)	-0.03 (-0.37)	0.30 (5.28)
5（High）	1.17 (4.84)	1.09 (44.02)	0.77 (8.45)	-0.06 (-0.60)	0.10 (0.70)	-0.44 (-5.03)
L/S（等权）	1.25 (4.61)	0.12 (3.56)	0.10 (1.13)	0.06 (0.61)	0.12 (0.98)	-0.73 (-7.85)
1（Low）	-0.33 (-1.42)	0.97 (32.67)	0.01 (0.21)	-0.01 (-0.15)	0.02 (0.23)	0.44 (6.04)
5（High）	1.08 (4.62)	1.11 (42.19)	0.24 (2.82)	0.10 (1.22)	-0.07 (-0.76)	-0.68 (-11.33)
L/S（市值）	1.41 (4.16)	0.14 (3.02)	0.22 (2.16)	0.12 (0.94)	-0.09 (-0.68)	-1.13 (-10.56)

Panel C：市值与 *CF Ret* 双变量独立分组多空组合平均月度收益（%）

		市值分组					
		1	2	3	4	5	5-1
等权	*Excess return*	1.15 (1.76)	0.79 (2.88)	0.78 (2.30)	0.57 (1.74)	0.96 (2.51)	-0.19 (-0.25)
	5-F *alpha*	1.07 (2.86)	0.98 (2.56)	0.96 (2.63)	1.22 (3.90)	1.64 (4.38)	0.56 (1.25)
市值	*Excess return*	0.83 (2.02)	0.82 (2.93)	0.73 (2.17)	0.56 (1.70)	0.71 (1.72)	-0.13 (-0.23)
	5-F *alpha*	0.95 (2.88)	0.97 (2.59)	0.92 (2.49)	1.19 (3.71)	1.47 (3.62)	0.52 (1.17)

注：括号中报告了基于滞后阶数为 4 的 Newey 和 West（1987）标准误的 t 统计量。

Panel A 报告了最高五分位组、最低的五分位组、做多最高五分位组做空最低五分位组的零成本多空组合的月度超额收益率、CAPM、三因子、四因子和五因子调整后收益率。综上所述，这里采用的三因子模型和四因子模型是 Liu 等（2019）提出的 CH-3 模型（市值 *MKT*、规模因子 *SMB*、价值因子 *VMG*）、CH-4 模型（CH-3+异常换手率因子 *PMO*）。五因子模型是 CH-4 模型加上短期反转因子（*ST Rev.*）。

结果表明共同分析师同伴公司的过去收益可以预测目标公司未来的收益。等权平均的多空策略获得了 93 个基点的显著月度超额收益（$t=3.43$）。市值加权平均的多空策略的超额收益虽然只在 5%的显著性水平上边际显著（marginally significant），但却是经济意义显著的，每月高达 70 个基点。只是统计上边际显著但却经济意义显著的结果可能是由于之前提到的样本期太短引起的统计效力缺乏问题。

接下来，控制其他已知的横截面收益率决定因素。等权（市值加权）多空策略投资组合每月产生的 CAPM 调整后收益（*CAPM alpha*）为 0.85%（0.58%）、三因子调整后收益（*CH-3 alpha*）为 1.02%（0.80%）。控制异常换手率因子会进一步增加因子模型调整后收益率，特别是对于市值加权投资组合而言，其每月调整后收益率增加了 45 个基点，达到了 125 个基点。等权投资组合的四因子超额收益（*CH-4 alpha*）是 114 个基点。

鉴于 *CF Ret* 与同期目标公司的收益率之间存在单调的正关系（见表 4-1）以及 A 股市场强烈的短期反转效应（王永宏和赵学军，2001；刘博和皮天雷，2007；鲁臻和邹恒甫，2007；潘莉和徐建国，2011；Carpenter and Whitelaw，2017；Hsu et al.，2018；Liu et al.，2019），预计在四因子模型中加入短期反转因子将进一步增加风险因子调整后的超额收益。与预期一致，等权（市值加权）多空策略投资组合产生的每月五因子调整后收益率分别为 1.25%（1.41%），对应的 t 统计量分别为 4.61 和 4.16。这些结果表明，控制住对常见风险因子的暴露并不能吸收掉多空组合的显著超额收益。值得注意的是，多头产生的超额收益率显著，而空头的超额收益率则很微弱，多空策略的显著超额收益大部分来自多头，这表明收益率的可预测性并非源于 A 股市场较高的卖空成本。

表 4-3 Panel B 中，报告了最高五分位组、最低的五分位组、多空组合对五因子模型的因子载荷（Factor loadings）估计值。多空组合的市场收益率因子

(*MKT*) 载荷显著为正，而短期反转因子（*ST Rev.*）载荷显著为负，这意味着该策略在上升市场态势和逆向投资策略（Contrarian strategy）表现不佳时表现更好。

还使用双变量排序分组探讨了共同分析师动量效应在不同市值组①中的差异以考察其稳健性。将样本按照 *CF Ret* 与月末市值独立分组成五等分，之后交叉形成 25 个组合。每个组合内的股票按市值加权或等权重形成投资组合，在每个市值分组内构建 *CF Ret* 的零成本多空组合，做多最高五分位组，做空最低五分位组。

Panel C 报告了每个市值分组内多空组合的超额收益率与五因子模型调整收益率。结果表明，多空组合在所有的市值分组中都产生了显著的正收益。同时，观察到大市值公司组的 5 因子模型超额收益率大于最小市值组的 5 因子模型超额收益率，月度收益率差距超过 50 个基点，尽管在统计意义上不显著，但在经济意义上是显著的，这与 Panel A 中策略收益集中在多头的证据共同表明了共同分析师动量效应策略在 A 股市场上可能具有现实可行性。

4.4.3 Fama-MacBeth 截面回归

接下来，使用 Fama-MacBeth 回归方法来正式检验共同分析师同伴公司过去收益率对目标公司未来收益率的预测能力，回归方法使能够控制大量横截面收益率的决定因素。回归结果报告如表 4-4 所示。

表 4-4 Fama-MacBeth 截面回归

Panel A：共同分析师领先-滞后效应				
	(1)	(2)	(3)	(4)
	Ret (t+1)			*Ret*(t+1)-*Ind. Ret*(t+1)
CF Ret	0.042** (2.18)	0.057*** (3.51)	0.085*** (4.52)	0.073*** (5.39)
Ind. Ret			0.057*** (3.07)	-0.004 (-0.22)
Size		-0.004** (-2.26)	-0.004** (-2.21)	-0.003*** (-2.78)

① 还按照账面市值比、异常换手率等指标进行分组，结果表明在每个分组内多空组合都能产生显著的收益率。为简洁起见，省略不报告。

续表

Panel A：共同分析师领先-滞后效应				
	(1)	(2)	(3)	(4)
	Ret (t+1)			Ret(t+1)-Ind. Ret(t+1)
EP		0.044* (1.89)	0.046 (1.58)	0.046** (2.18)
Asset Growth		-0.002* (-1.68)	-0.002 (-1.46)	-0.002 (-1.35)
Gross Profitability		-0.005 (-0.40)	-0.000 (-0.02)	-0.006 (-0.64)
Ret (t)		-0.042*** (-5.02)	-0.035*** (-4.12)	-0.040*** (-4.65)
Ret (t-11, t-1)		0.002 (0.51)	0.003 (0.90)	0.002 (0.56)
Turnover		-0.011*** (-6.48)	-0.011*** (-5.97)	-0.010*** (-6.37)
Industry FE	Yes	Yes	No	No
Observations	237901	237901	237901	237901
R-squared	0.161	0.233	0.119	0.080
#of groups	206	206	206	206

Panel B：与其他领先-滞后效应比较（1）列~(6）列						
	(1)	(2)	(3)	(4)	(5)	(6)
	Ret (t+1)					
CF Ret	0.113*** (5.06)		0.085*** (4.52)		0.111*** (5.01)	
Ind. Ret		0.097*** (4.55)	0.057*** (3.07)			
Geo. Ret				0.671*** (6.95)	0.649*** (6.82)	
Tech. Ret						0.126** (2.43)
Cust. ind. Ret						
Sup. ind. Ret						
Controls	Yes	Yes	Yes	Yes	Yes	Yes
Observations	240265	237905	237905	240265	240265	144483

续表

Panel B：与其他领先-滞后效应比较（1）列~（6）列						
	（1）	（2）	（3）	（4）	（5）	（6）
	Ret（*t*+1）					
R-squared	0.114	0.115	0.119	0.108	0.116	0.108
#of groups	206	206	206	206	206	163
	（7）	（8）	（9）	（10）	（11）	（12）
CF Ret	0.102*** （4.00）		0.093*** （4.45）		0.096*** （4.43）	0.065*** （2.67）
Ind. Ret						0.043* （1.84）
Geo. Ret						0.598*** （4.09）
Tech. Ret	0.068 （1.60）					0.051 （1.35）
Cust. ind. Ret		0.242*** （4.94）	0.161*** （3.63）			0.083 （1.11）
Sup. ind. Ret				0.211*** （4.53）	0.133*** （3.08）	-0.004 （-0.06）
Controls	Yes	Yes	Yes	Yes	Yes	Yes
Observations	118595	237948	237948	238763	238763	142633
R-squared	0.122	0.114	0.120	0.113	0.119	0.134
#of groups	155	206	206	206	206	163

注：Fama-MacBeth 为截面回归；*#of groups* 为回归中的截面数；自变量在1%水平双侧缩尾；括号中报告了基于滞后阶数为4的 Newey 和 West（1987）标准误的 t 统计量；*、**、*** 分别表示在10%、5%、1%的显著性水平上显著。

在表4-4 Panel A 前三列中，用目标公司下一个月收益率对共同分析师同伴公司平均收益率（*CF Ret*）回归，回归结果表明 *CF Ret* 系数显著为正。在模型（1）中控制了行业固定效应，*CF Ret* 的系数估计值为0.042，*t* 统计量为2.18，这意味着 *CF Ret* 增加一个标准差，目标公司下一月收益率将增加17个基点。在第（2）列中，控制其他横截面收益率决定因素，包括公司规模（*Size*）、盈利价格比（以控制价值效应，EP）、资产增长率（*Asset growth*）、毛利润率（*Gross*

Profitability)、当月收益率［*Ret*(*t*)，以控制短期反转效应（Jegadeesh and Titman，1993）］、过去12个月但不包括本月的收益率［*Ret*（*t*-11，*t*-1），以控制动量效应（Chan等，1996）］和异常换手率［以控制投资者情绪效应（Liu et al.，2019）］。这些控制变量的系数估计与Liu等（2019）一致。公司规模、上月收益率、异常换手率与未来的收益呈负相关，而*EP*与未来的收益率呈正相关。控制住这些变量，*CF Ret*系数估计值的幅度和统计显著性都有所增加。

分析师倾向于跟踪同行业的公司，因此共同分析师动量效应可能只是著名的行业动量效应（Moskowitz and Grinblatt，1999）的另一个表现形式。为了区分这两者，控制行业收益率，具体计算为目标公司的行业同伴公司的市值加权平均收益率。结果表明，*CF Ret*对未来收益率的预测能力比*Ind Ret*更强。其他变量不变，过去的行业收益率增加一个标准差（4%），未来目标公司收益率将增加23个基点，约为过去共同分析师同伴公司收益率影响（34个基点）的68%，这表明共同分析师动量效应不太可能由行业动量效应来解释。

在表4-4 Panel A的第四列中，参照Lee等（2019）的做法使用行业调整后的个股收益率作为因变量，该变量定义为目标公司收益率减去同期行业收益率，从而一定程度缓解了对可预测性来自于行业收益率的自相关性的担忧。发现，*Ind. Ret*上的系数估计变得不显著，而*CF Ret*上的系数估计仍然显著，表明共同分析师同伴公司收益率的预测能力不能归因于行业收益率的持续性（Cohen and Lou，2012）。

在表4-4 Panel B中，比较共同分析师动量与其他几种跨资产动量效应（即行业动量、地理动量、技术动量、客户行业动量和供应商行业动量效应）对目标公司未来收益率的预测能力。在所有模型中，都包含与Panel A中第（3）列相同的一组控制变量。从第（2）列、第（4）列、第（6）列、第（8）列、第（10）列中可以看到行业收益率、地理同伴收益率、技术同伴收益率、客户行业收益率和供应商行业收益率是未来目标公司收益率的有力预测指标，这表明中国股票市场上这些经济联系上存在收益率领先-滞后现象。接着，在模型加入*CF Ret*以直接比较共同分析师同伴公司收益率与其他几种经济关联同伴公司收益率对目标公司收益率的预测能力强弱。比较第（2）列和第（3）列中的行业收益率系数估计值，发现行业收益率*Ind. Ret*的预测能力大幅下降了41%，而比较第（1）列和第（3）列 *CF Ret* 的系数估计值，发现 *CF Ret* 的预测能力仅降低了25%。*CF Ret* 和行业收益的预测能力下降的差异进一步表明共同分析师动量效应不同于行业动量效应。

尽管行业动量的预测能力被共同分析师动量吸收掉了很多，但是地理动量却并非如此。如表 4-4 Panel B 第（4）列和第（5）列所示，在包含 *CF Ret* 前后，地理同伴收益率 *Geo. Ret* 系数估计值几乎保持不变；如第（1）列和第（5）列所示，*CF Ret* 系数也是如此。这与 Parsons 等（2020）的发现是一致的：分析师倾向于跟踪同行业的公司，总部设在同一区域但属于不同行业的公司之间的分析师跟踪几乎没有重叠。就经济意义而言，*Geo. Ret* 一个标准差变化引起的对目标公司收益率的影响为 30 个基点，而 *CF Ret* 则为 44 个基点。

当控制共同分析师动量效应时，技术动量效应大幅下降了约 46%，这与第 3 章发现的分析师倾向于跟踪技术相近的公司是一致的。还观察到控制住共同分析师动量效应以后，客户行业动量效应和供应商行业动量效应的衰减。客户行业收益率和供应商行业收益率的系数估计值分别下降了 33%和 37%。在最后一列中，将所有跨资产动量效应都包括在模型中，由于共同分析师联系与其他经济联系有很多重叠，因此 *CF Ret* 的系数下降较多也就不足为奇了。在所有模型中，共同分析师动量效应既是统计显著的也是经济显著的。

总之，横截面回归检验为共同分析师动量效应提供了进一步的证据，即使在控制了多种横截面收益率决定因素以及其他几个领先-滞后效应之后，*CF Ret* 也对目标公司未来收益有显著的预测能力。

4.4.4 经济联系重叠

上一节的结果表明共同分析师关联与其他经济联系有所重叠。这一部分中，将直接检验经济联系重叠这一问题。具体地，将与目标公司存在经济联系（共同分析师、行业、地理或技术空间）的同伴公司分为三类：通过行业、地理位置或技术空间的至少一种关联但没有共同分析师的一组同伴公司（同伴公司组 1），通过共同分析师关联但属于不同的行业、位于不同地理位置同时在技术空间没有连接的一组同伴公司（同伴公司组 2）①，既有共同分析师又通过行业、地理位置或技术空间三种中的至少一种联系的一组同伴公司（同伴公司组 3），并比较这三组同伴公司的平均收益对目标公司未来收益率的预测能力。

表 4-5 报告了回归结果。前两列比较仅通过共同行业、地理位置或技术空间联系的同伴公司市值加权平均收益率（*Group* 1 *Ret VW*）与同时还通过共同分析师关联的同伴公司市值加权平均收益率对目标公司收益率的预测能力（*Group* 3 *Ret VW*）。如第（1）列所示，在单独的回归中 *Group* 1 *Ret VW* 的预测能力在 10% 的显著性水平上是显著的，但在将 *Group* 3 *Ret VW* 添加到模型后，*Group* 1 *Ret VW* 的统计显著性消失了，而 *Group* 3 *Ret VW* 对未来目标公司收益率具有显著的预测能力。这表明共同分析师联系与其他三种经济联系有很多重叠，在行业、地理位置或技术空间中关联的同伴公司收益率的预测能力在很大程度上来自于同时也有共同分析师关联的那部分同伴公司。在第（3）列和第（4）列中使用简单加权平均收益率观察到了类似的结果。

表 4-5 经济联系重叠

	(1)	(2)	(3)	(4)	(5)	(6)
	Ret（*t*+1）					
Group 1 *Ret VW*	0.036* (1.84)	0.016 (0.91)				
Group 3 *Ret VW*		0.072*** (5.55)				
Group 1 *Ret EW*			0.056* (1.67)	0.003 (0.12)		
Group 3 *Ret EW*				0.083*** (5.39)		
Group 2 *Ret*					0.062*** (4.24)	0.038*** (3.37)
Group 3 *Ret*						0.081*** (5.57)
Controls	Yes	Yes	Yes	Yes	Yes	Yes

① 此处不考虑客户行业和供应商行业联系的原因是这使同伴公司组 2 没有公司。

续表

	(1)	(2)	(3)	(4)	(5)	(6)
	Ret (*t*+1)					
Observations	233246	233246	233246	233246	229764	229764
R-squared	0.112	0.118	0.115	0.121	0.116	0.123
#of groups	206	206	206	206	206	206

注：Fama-MacBeth 为截面回归；*#of groups* 为回归中的截面数；自变量在1%水平双侧缩尾；括号中报告了基于滞后阶数为4的Newey和West（1987）标准误的t统计量；*、**、***分别表示在10%、5%、1%的显著性水平上显著。

在表4-5第（5）列、第（6）列中，检验了仅通过共同分析师关联的同伴公司平均收益率的预测能力。根据共同分析师关联的同伴公司是否同时通过行业、地理位置或科技空间联系将它们分为两组（组2与组3）。由于两组都有共同分析师联系，按照式（4-6）使用共同分析师人数对同伴公司的收益率进行加权①。在 *Group* 3 *Ret* 加入模型前后，*Group* 2 *Ret* 的系数估计值始终在1%的显著性水平上显著，这表明仅通过共同分析师关联的同伴公司收益率也是目标公司未来收益率的有力预测指标，这与文献中关于分析师跟踪决策的发现是一致的：共同分析师跟踪可以识别出多种经济关联性（Lee et al.，2016；Kaustia and Rantala，2020），而不限于行业、地理位置与技术联系。

本节的结果说明了尽管A股市场上存在多种显著的领先-滞后效应，需要控制A股市场上领先-滞后效应的研究者应该优先选择控制共同分析师领先-滞后效应。首先，共同分析师联系与本节讨论的其他三种经济联系重叠度很高，同时通过共同分析师联系和其他三种经济联系识别的同伴公司平均收益率吸收了仅通过其他三种经济联系相互关联的同伴公司平均收益率的预测能力。其次，共同分析师关联识别了多种公司间经济联系，不限于行业、地理位置或技术联系。后一点在A股市场尤其有价值，因为数据不可得（如前5大客户和供应商的数据）限制了识别其他维度经济联系的能力，而共同分析师联系则提供了一种统一的、基于分析师“群体智慧”的方式。

① 使用等权或市值加权得到的结果相似。

4.5 领先-滞后效应形成机制

4.5.1 信息处理复杂度

目前的结果表明A股市场上存在共同分析师领先-滞后效应。本节中将深入探究其形成机制。以往文献对领先-滞后效应的研究（Cohen and Frazzini，2008；Cohen and Lou，2012）表明，收益率领先-滞后效应是由于关联公司之间共同信息的缓慢扩散（Slow information diffusion）所致。一个自然的猜想是，当信息处理任务越复杂时，信息扩散速率越慢，领先-滞后效应越强。当一家公司与更多的同伴公司存在经济联系时，更多的信息需要监测和传播，并且在将信息吸收进股价之前，投资者面临更复杂的判断，这意味着更复杂的信息处理任务。参照Ali和Hirshleifer（2020）的方法，为了衡量信息处理任务的复杂性，从社交网络（Social network）文献中借用了两个测度：度中心度（Degree centrality，#Connections）和特征向量中心度（Eigenvector centrality，EV Centrality）。度中心度是目标公司在分析师连接网络中直接相连的同伴公司数量，即共同分析师同伴组合的规模。特征向量中心度考虑了分析师连接网络中的直接联系和间接联系。当同伴公司在网络中越靠近中心的位置时，目标公司的特征向量中心度越高。

这部分检验的样本期为2008年1月至2019年12月。在图4-1中，绘制了每月度中心度的横截面均值和标准差的时间序列图。该图显示，从2008年1月开始，度中心度横截面均值和标准差均大幅上升。在2002年11月至2007年12月，一家公司平均与14个不同的同伴公司相连，其间平均的横截面标准差为10个公司，而在2008年1月至2019年12月，一个公司平均与159个不同公司联系在一起，平均横截面标准差为110。Chen等（2010）认为早期A股公司的横截面异质性较低，这可能会阻碍检测到显著结果。因此，从2008年1月开始这部分的实证分析。从2007年或2009年开始，结果是相似的。

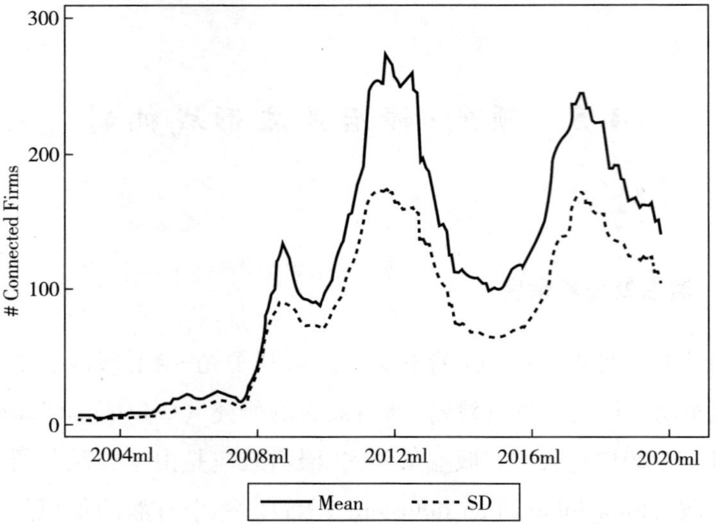

图 4-1 同伴公司数量（度中心度）横截面均值和标准差的时间序列图

为了检验信息处理复杂度对共同分析师领先-滞后效应的影响，将 *CF Ret* 和上述两个信息处理复杂度的代理变量依次作交互项添加到模型中。该检验的一个潜在的问题是，与更多公司存在经济联系的公司往往是那些拥有更多跟踪分析师和规模更大的公司，这些公司信息环境更透明，其股票价格往往会对共同信息做出更快的反应（Brennan et al.，1993），这会削弱领先-滞后效应。为了减轻这种混杂偏差（Confounding bias），使用公司规模与跟踪分析师人数作为公司信息环境的代理变量，在模型中控制住 *CF Ret* 与这两个变量的交互项（*Analyst Coverage*×*CF Ret*，*Size*×*CF Ret*）。

表 4-6 的前两列报告了结果。第一列发现度中心度#*Connections* 与 *CF Ret* 的交互项的系数估计值为 0.057，*t* 统计量为 2.55，表明当目标公司有更多的同伴公司时，共同分析师领先-滞后效应更强。第 2 列的结果显示特征向量中心度 *EV Centrality* 与 *CF Ret* 的交互项也显著为正。表 4-6 的结果与之前的猜想是一致的：当同伴公司更多时，更难将同伴公司的关联信息快速、充分地吸收到目标公司股价中，领先-滞后效应更强。

表 4-6 信息处理复杂度

	(1)	(2)	(3)	(4)
	Ret (*t*+1)			
CF Ret	0.218 (0.84)	0.356 (1.39)		0.068** (2.42)
CF Ret 2			0.168*** (4.71)	0.073 (1.35)
#Connections× *CF Ret*	0.057** (2.55)			
EV Centrality× *CF Ret*		0.002** (2.13)		
Analyst Coverage× *CF Ret*	-0.041* (-1.75)	-0.039 (-1.46)		
Size×*CF Ret*	-0.016 (-0.90)	-0.015 (-0.86)		
#Connections	-0.002 (-1.05)			
EV Centrality		-0.000* (-1.73)		
Size	-0.008*** (-4.25)	-0.008*** (-4.33)	-0.004** (-2.35)	-0.004** (-2.32)
Analyst Coverage	0.007*** (3.02)	0.007*** (3.76)		
Controls	Yes	Yes	Yes	Yes
Observations	218931	218931	240300	240265
R-squared	0.111	0.114	0.115	0.117
#of groups	144	144	206	206

注：Fama-MacBeth 为截面回归；*#of groups* 为回归中的截面数；自变量在 1%水平双侧缩尾；括号中报告了基于滞后阶数为 4 的 Newey 和 West（1987）标准误的 t 统计量；*、**、*** 分别表示在 10%、5%、1%的显著性水平上显著。

此外，特征向量中心度 *EV Centrality* 与 *CF Ret* 之间的交互项显著为正暗示着间接关联公司的平均收益率对目标公司收益率也可能具有预测能力。比较直接关联和间接关联[①]的领先-滞后效应强弱是个有趣的问题。一方面，由于公司和直接关联的同伴公司之间存在更强的经济关联性或基本面相似性，直接关联的领先-滞后效应可能比间接关联更强。另一方面，由于分析师和投资者更加密切地关注直接关联公司的信息，这些公司的消息可能会更快地被吸收到股价中，而监测间接关联公司是更难的，需要更高的信息收集和处理成本，间接关联公司的信息传播更加缓慢，可能会增强间接关联的收益率领先-滞后效用。因此，直接关联还是间接关联孰强孰弱是个实证上的问题（Empirical question）。

根据 Ali 和 Hirshleifer（2020），计算 *CF Ret* 2 来衡量间接关联公司的平均收益率，见式（4-8）：

$$CF\ Ret\ 2_{i,\ t} = \frac{\sum_{j=1}^{N} n_{ij} CF\ Ret_{j,\ t}}{\sum_{j=1}^{N} n_{ij}} \tag{4-8}$$

在表 4-6 的第（3）列中，观察到 *CF Ret* 2 的系数估计值显著为正，而在第（4）列中同时加入了 *CF Ret* 和 *CF Ret* 2，发现间接关联公司收益率的预测能力被直接关联公司的收益率吸收了，表明直接关联公司之间的经济联系更强，直接关联公司之间的共同信息是更主要的部分。

4.5.2　分析师盈利预测修正

信息缓慢传递可能发生在分析师层面或投资者层面。一种可能是分析师及时地在关联公司之间传递信息，迅速更新对目标公司的盈利预测以反映关联信息，但投资者受到有限的信息处理能力、有限注意力或交易摩擦等信息处理偏差的约束，无法及时充分地将共同信息吸收到公司的股价中。另一种可能性是分析师本身在传递共同信息时存在滞后性。很多因素可能导致分析师滞后的信息传递行为，例如，对关联信息的反应不足、过度乐观、利益冲突、有限的时间等。接下来，检验分析师是否能及时在他们所跟踪的公司间传递信息。

实证分析与表 4-4 Panel B 的方法是相同的，除了用月度分析师一致盈利预

① 此处的直接关联是指与目标公司通过共同分析师直接联系的关联公司，间接关联是指与目标公司之间没有共同分析师但通过另一个公司直接联系的关联公司。

期修正值代替月收益率。盈利预测修正值定义为过去 150 天发布的对当前财务年度的月度分析师一致盈利预期的百分比变化①②。因变量是目标公司的月度盈利预期修正值［*FR*(*t*+1)］。关心的变量 *CF FR*，是使用共同分析师人数作为权重，对共同分析师同伴公司的月度盈利预期修正加权平均计算得来的。行业同伴公司 *Ind. FR*、地理同伴公司 *Geo. FR*、技术同伴公司 *Tech. FR*、客户行业 *Cust. ind. FR*、供应商行业 *Sup. ind. FR* 的计算方式与其对应的收益率，即 *Ind. Ret*、*Geo. Ret*、*Tech. Ret*、*Cust. ind. Ret*、*Sup. ind. Ret* 计算方式相同，除了现在研究盈利预测修正而不是收益率。其他控制变量包括目标公司盈利预测修正值、公司规模、盈利价格比、资产增长率、毛利润率、目标公司当月收益率和过去 12 个月的收益率（不包括当前月份）。

表 4-7 报告了回归结果。在所有模型中，发现共同分析师关联公司之间存在显著的盈利预测修正领先-滞后效应。例如，在第（2）列中（包括 *CF FR* 和 *Ind. FR*），*CF FR* 的一个标准差的增加预测下一个月目标公司盈利预测修正增加 85 个基点。除 *CF FR* 外，通过第（1）列、第（3）列结果发现 *Ind. FR*、*Geo. FR* 都是未来目标公司盈利预测修正的重要预测指标。*Tech. FR* 的预测能力被 *CF FR* 吸收了很多，这与第 3 章中发现的分析师倾向于跟踪技术相近的关联公司是一致的。没有发现 *Cust. ind. FR* 以及 *Sup. ind. FR* 拥有显著预测能力的证据。一个可能的原因是，这两项指标考虑了所有行业和所有公司的盈利预测修正，这对分析师来说是巨大的挑战；或者分析师选择不以这种方式进行预测更新仅仅是因为这很难向客户合理地解释。

表 4-7　分析师盈利预测修正

	FR（*t*+1）				
	(1)	(2)	(3)	(4)	(5)
CF FR		0.308*** (6.27)		0.277*** (5.95)	

① 由于会计年度从 1 月开始到 12 月结束，定义中 1 月的盈利预测修正是缺失的。

② 目前的版本使用 FY 1 和 FY 2 计算分析师一致盈利预期，限定为 FY 1 得到的结果是类似的。

续表

	FR (t+1)				
	(1)	(2)	(3)	(4)	(5)
Ind. FR	0.130*** (4.34)	0.064** (2.60)	0.112*** (3.95)	0.056** (2.54)	0.211*** (7.19)
Geo. FR			0.783*** (6.95)	0.764*** (6.78)	
Tech. FR					0.110 (1.48)
Cust. ind. FR					
Sup. ind. FR					
Controls	Yes	Yes	Yes	Yes	Yes
Observations	153059	153059	153059	153065	93060
R-squared	0.056	0.060	0.063	0.069	0.053
#of groups	170	170	170	170	126
	FR (t+1)				
	(6)	(7)	(8)	(9)	(10)
CF FR	0.356*** (6.31)		0.314*** (6.38)		0.242*** (2.91)
Ind. FR	0.147*** (5.54)	0.122*** (4.11)	0.063** (2.53)	0.112*** (3.51)	0.088*** (2.82)
Geo. FR					
Tech. FR	0.015 (0.22)				
Cust. ind. FR		0.110 (1.32)	0.125 (0.92)		
Sup. ind. FR				0.144 (1.36)	0.288 (0.97)
Controls	Yes	Yes	Yes	Yes	Yes
Observations	92663	151365	151365	151756	151756
R-squared	0.056	0.051	0.055	0.050	0.055
#of groups	123	164	164	164	164

注：Fama-MacBeth 为截面回归；*#of groups* 为回归中的截面数；自变量在 1%水平双侧缩尾；括号中报告了基于滞后阶数为 4 的 Newey 和 West（1987）标准误的 *t* 统计量；*、**、*** 分别表示在 10%、5%、1%的显著性水平上显著。

本节发现共同分析师同伴公司之间，分析师盈利预测修正存在显著的领先-滞后效应，这表明分析师虽然能识别经济关联的公司，但却无法及时充分地在他们跟踪的公司之间传递信息。收益率领先-滞后效应至少部分地归因于分析师缓慢的信息传递行为，而无法全部用分析师不受影响的交易摩擦来解释。

4.5.3 基金共同持股、机构投资者交易行为

接下来，检验投资者行为对共同分析师动量效应的影响。首先使用基金共同持股作为投资者有限注意力的代理变量，检验投资者有限注意对共同分析师动量效应的影响；其次还将检验 Menzly 和 Ozbas（2010）有限信息模型中关于机构投资者交易行为的含义。

大量研究发现，投资者有限注意力会引起反应不足及信息的滞后传递。因此预计投资者有限注意力会增强共同分析师动量效应。参照 Cohen 和 Frazzini（2008），使用基金共同持股（Common ownership）作为有限注意力对信息传递约束强度的代理变量。Cohen 和 Frazzini（2008）认为，当更多的投资者同时监测和收集关联公司之间的信息时，有限注意力对信息传递的约束作用就减弱了。具体而言，对于每家公司，*COMMON* 的计算方法为在前十大持仓中同时持有目标公司和其共同分析师关联公司的共同持股基金数（*#COMMON*）除以在前十大持仓中持有该目标公司的基金的数量（*#FUNDS*）。类似于式（4-6），*#COMMON* 是使用共同分析师人数作为权重对共同持股基金数的加权平均，这里隐含的假设是持有与该目标公司拥有更多共同分析师的关联公司的共同持股基金在加速传递关联信息中起着更重要的作用。考虑共同持股基金季度报告中的前十大持股[①]，并假设基金持股在两个季度之间不会发生变化，以使季度报告的基金持股与月度的投资组合构建相匹配。

每个月末，首先根据 *COMMON* 将所有股票在中位数处分为两组。在每个组

① 基金在第一季度和第三季度报告中披露了前十大股票持仓情况，并在半年和年度报告中披露了所有股票持仓情况。Gu 等（2012）指出，考虑前十大股票持仓可以避免由于第一季度和第三季度报告不披露非前十排名的持仓情况而导致的不一致。此外，基金可能会更多关注前十大持仓的信息。

中，进一步根据 *CF Ret* 将公司等分为五组①。每组内按市值加权或者等权重形成投资组合。在表 4-8 Panel A 中，报告了每个 *COMMON* 组内做多最高 *CF Ret* 组和做空最低 *CF Ret* 的多空策略的平均月度回报。发现，基金共同持股较低组（*Low Common Ownership*）的领先-滞后效应很强，等权重多空策略可获得高达 101 个基点的收益（t=2.73），市值加权多空策略可获得的收益率为 91 个基点（t=2.04），而基金共同持股较高的公司组（*High Common Ownership*）的多空策略获得的收益在统计意义上和经济意义上都不显著。在表 4-8 Panel A 最后一行中，报告了 *Low Common Ownership* 组与 *High Common Ownership* 组多空策略月度收益率是否相等的 t 检验结果。发现 *Low Common Ownership* 组多空组合收益率显著高于 *High Common Ownership* 组。结果表明投资者有限注意力会增强共同分析师动量效应。

表 4-8　基金共同持股、机构投资者交易行为

Panel A：基金共同持股与多空组合收益率

	等权	市值加权
Low Common Ownership	1.01 (2.73)	0.91 (2.04)
High Common Ownership	0.11 (0.26)	-0.08 (-0.16)
Low-High	0.89*** (2.74)	0.99* (1.85)

① 一个担忧是，信息环境更好的公司可能会被更多的分析师跟踪，并可能被更多的机构投资者所持有，可能有更高的 *COMMON*，尽管 *COMMON* 的分母使用持有该公司的基金数在一定程度上减缓了这个担忧。对于具有较高 *COMMON* 的公司，较弱的领先-滞后效应可能是由于公司本身的信息环境更好，而不是由于关联公司的信息能及时得到传递所致。为了提供进一步的稳健性检验，还进行了市值中性（Size-neutral）的检验，使用市值作为公司信息环境的代理变量。具体来说，首先将公司分类为按照市值大小分成小市值、中等市值和大市值组。然后，在每个市值组中，进一步将公司分为高 *COMMON* 组和低 *COMMON* 组。在每个市值-*COMMON* 组中按照 *CF Ret* 等分为五组并构建多空策略。低 *COMMON* 组的多空组合收益是小市值-低 *COMMON* 的多空组合收益和大市值-低 *COMMON* 的多空组合收益的平均值。高 *COMMON* 组的多空组合收益是小市值-高 *COMMON* 的多空组合收益和大市值-高 *COMMON* 的多空组合收益的平均值。结果在定量上是相似的。

续表

Panel B：机构投资者交易行为						
	(1)	(2)	(3)	(4)	(5)	(6)
	ΔIO_t	$Net\ Buy_t$				
$CF\ \Delta IO_t$	0.522*** (9.07)	0.297*** (4.97)				
$CF\ Ret_t$			0.079*** (5.60)	0.017 (1.51)	1.221*** (3.17)	-0.021 (-0.10)
$Common\ Funds \times CF\ Ret_t$					0.099** (2.13)	0.096** (2.47)
Common Funds					0.105*** (6.74)	0.086*** (6.56)
$CF\ Ret_{t-1}$		0.012 (1.54)		0.008 (0.92)		-0.371 (-1.57)
Ret_t		0.065*** (13.79)		0.066*** (13.60)		0.851*** (7.35)
Ret_{t-1}		0.035*** (5.90)		0.036*** (5.83)		0.256** (2.48)
Size		-0.010*** (-3.41)		-0.011*** (-3.32)		-0.561*** (-6.82)
EP		-0.040 (-1.51)		-0.040 (-1.43)		0.786 (1.14)
ΔIO_{t-1}		-0.560*** (-8.38)		-0.565*** (-8.45)		
$Net\ Buy_{t-1}$						-0.397*** (-21.87)
Time FE	Yes	Yes	Yes	Yes	Yes	Yes
Firm FE	Yes	Yes	Yes	Yes	Yes	Yes
Observations	77501	77501	77501	77501	46518	46518
R-squared	0.349	0.578	0.340	0.575	0.304	0.466

注：*Low-High* 括号中报告了原假设为 *Low Common Ownership* 和 *High Common Ownership* 多空策略月度收益率差异等于 0 检验的基于滞后阶数为 4 的 Newey 和 West（1987）标准误的 t 统计量。在 Panel B 中，括号中报告了基于公司层面和时间层面聚类标准误的 t 统计量。*、**、*** 分别表示在 10%、5%、1% 的显著性水平上显著。

在表 4-8 Panel B 中探讨了机构投资者的交易行为。先前的研究发现，信息扩散缓慢会导致共同分析师动量效应，问题是，某些知情投资者是否会进行交易以利用这种跨股票的收益率可预测性。在 Menzly 和 Ozbas（2010）提出的有限信息模型（Limited-information model）中，一部分知情交易者会接收到他们所关注公司的信息，其中还包含与关联公司有关的共同信息。该模型预测，知情交易者会同时交易基本面相关的资产，以利用他们掌握的信息优势。具体而言，当知情交易者增加（减少）对目标公司的持仓时，他们同时增加（减少）对关联公司的持仓。该模型还预测，当关联公司的收益率更高（更低）时，知情交易者会增加（减少）对目标公司的持仓。

在共同分析师领先-滞后效应中检验 Menzly 和 Ozbas（2010）有限信息模型的预测。具体而言，将目标公司的机构持股比率的季度变化对同时期共同分析师同伴公司平均的机构持股比率变化进行回归。结果报告在表 4-8 Panel B 的前两列中。在这两个模型中，包括公司固定效应来控制未观察到的随时间不变的公司异质性，该异质性可能会影响机构投资者的持股决策，并包括季度的时间固定效应以控制整个基金行业系统性的资金流入和流出。发现 $CF\ \Delta IO_t$ 的系数估计值显著为正，机构投资者对目标公司持股比例的季度变化与机构投资者对共同分析师关联公司持股比例的同期变化呈正相关。当在表 4-8 Panel B 第（2）列控制可能影响机构投资者买卖决策的一组变量后，$CF\ \Delta IO_t$ 的系数估计值仍然显著为正。回归结果与模型的含义是一致的，即知情交易者同时交易关联公司以利用共同分析师同伴公司间的共同信息。

将机构持股比例的季度变化对共同分析师关联公司的平均季度收益率进行回归。与预期一致，在仅包括 *CF Ret* 的模型中，*CF Ret* 的系数估计值显著为正，然而在加入控制变量后不再是统计显著的。

表 4-8 Panel A 中的排序组合测试结果表明，共同持股基金同时监测目标公司和其共同分析师同伴公司，并迅速对关联信息做出反应，加快信息流动。现在直接比较共同持股基金和非共同持股基金不同的交易行为。

为此，将每半年末持有特定目标公司的基金[①]根据其同时持有该公司共同分

① 从样本中剔除了债券型基金、固定收益型基金和指数型基金。

析师同伴公司比例[①]按中值分为两组，并生成虚拟变量 *NONCOMMON*，对共同分析师关联公司持股比例低的基金组取值为 1。在回归中，加入共同分析师同伴公司平均半年度收益与 *NONCOMMON* 的交互项。因变量 *Net Buy* 定义为 *NONCOMMON*=1 或 *NONCOMMON*=0 组所有基金持有目标公司股份总数的半年度变化。

结果报告在表 4-8 Panel B 的最后两列中，发现交互项的系数显著为正，表明当共同分析师关联公司的收益率增加时，对共同分析师关联公司持股比例高的基金组比对共同分析师关联公司持股比例低的基金组买入了更多目标公司的股票。共同持股比例高的基金对共同信息做出更强烈的反应，这解释了在 Panel A 中观察到的情况，即基金共同持股比例较高的公司表现出较弱的收益率领先-滞后效应。

总体来说，本节的实证结果表明了两点。首先，基金共同持股减弱了有限注意力的约束作用，加速了关联公司之间的信息流动，并削弱了收益率的领先-滞后效应；其次，与 Menzly 和 Ozbas（2010）中的有限信息模型含义一致，机构投资者同时交易基本面关联公司以利用其掌握的共同信息。

4.5.4 基本面信息与股票收益率

在 4.3.3 的收益率 Fama-MacBeth 截面回归中，因变量为目标公司下一个月的收益率。尽管在模型中控制了一系列重要的横截面收益率决定因素，仍然可能遗漏其他的风险定价因子，因此无法排除共同分析师动量效应源于风险补偿这一解释。Lee 等（2019）提出了一种区分错误定价与风险补偿解释的方法，将因变量中的目标公司收益率替换成公司未来基本面信息。公司基本面信息是非收益率指标，因此不会受到上述模型设定偏误的挑战。

具体而言，使用标准化的未预期盈余（*SUE*）和标准化的未预期营业收入增长。*SUE* 的定义为未预期盈余（每季度非特殊项目盈利的同比变化）除以过去

① 如表 4-8 Panel B 的前两列中的结果所示，机构投资者倾向于同时持有基本面相关的公司。按照基金对共同分析师关联公司的持股比例进行排序分组意味着按照基金对目标公司的持股比例进行排序。为了消除对目标公司的机构持有比例和公司信息环境对结果的影响，首先将共同持股基金在基金对目标公司持股比例的第 30 百分位和第 70 百分位处分为三个组；其次进一步在每个组中基于它们对关联公司的持股比例分成高低两组。

八个季度中未预期盈余的标准差。标准化的未预期营业收入增长定义是类似的。感兴趣的主要变量为滞后一个季度的 *CF Ret*，定义为共同分析师关联公司平均季度收益率，使用季度末测量的共同分析师人数作为权重。控制变量包括目标公司过去 4 个季度的滞后 *SUE* 或标准化的未预期营业收入增长。在 1%和 99%的水平对基本面变量进行缩尾处理。

结果报告在表 4-9 中的 Panel A 和 Panel B。在 Panel A 的第（1）列中，将 *SUE* 对上一季度的 *CF Ret* 进行面板回归，同时控制了公司固定效应和季度固定效应。*CF Ret* 的系数为正（0.849），相应的 *t* 值为 3.13。在接下来的两个模型中，控制目标公司自身的滞后 *SUE*。在第（2）列中，控制公司和季度固定收益，而在第（3）列中，控制行业和季度固定收益。在两种模型设置下，*CF Ret* 的系数估计值均显著为正。在表 4-9 Panel B 中，对营业收入增长率重复以上检验。所有模型中 *CF Ret* 的系数估计在 1%的显著性水平上是显著的。这些结果表明 *CF Ret* 包含有目标公司未来 EPS 增长和营业收入增长的信息。这两个基本面指标捕捉了公司现金流的未预期变化，而不是基于股票收益率的，因此 *CF Ret* 对目标公司未来 *SUE* 和未预期营业收入增长的预测能力表明共同分析师动量效应源于公司未来现金流信息的可预测性，支持了错误定价的解释，而非风险补偿。

表 4-9　基本面信息与股票收益率

Panel A：同伴公司过去收益率与 *SUE*			
	（1）	（2）	（3）
	SUE（*q*）		
CF Ret（*q*-1）	0.849*** （3.13）	0.735** （2.65）	0.746*** （2.85）
SUE（*q*-1）		0.125** （2.14）	0.171** （2.67）
SUE（*q*-2）		0.086** （2.18）	0.124*** （2.98）
SUE（*q*-3）		0.051** （2.47）	0.084*** （4.19）
SUE（*q*-4）		-0.172*** （-10.30）	-0.138*** （-8.40）

续表

Panel A：同伴公司过去收益率与 *SUE*			
	(1)	(2)	(3)
	SUE (*q*)		
Firm FE	Yes	Yes	No
Industry FE	No	No	Yes
Year-Quarter FE	Yes	Yes	Yes
Observations	62324	62324	62351
R-squared	0.133	0.167	0.109

Panel B：同伴公司过去收益率与收入增长			
	(1)	(2)	(3)
	Revenue Growth (*q*)		
CF Ret (*q*-1)	0.605*** (4.11)	0.443*** (3.54)	0.444*** (3.33)
Revenue Growth (*q*-1)		0.235*** (5.45)	0.295*** (5.96)
Revenue Growth (*q*-2)		0.118*** (4.78)	0.160*** (5.45)
Revenue Growth (*q*-3)		0.067*** (4.44)	0.104*** (5.62)
Revenue Growth (*q*-4)		-0.146*** (-10.35)	-0.104*** (-9.48)
Firm FE	Yes	Yes	No
Industry FE	No	No	Yes
Year-Quarter FE	Yes	Yes	Yes
Observations	64181	64181	64269
R-squared	0.196	0.288	0.233

Panel C：同伴公司收益率中的基本面信息					
	(1)	(2)	(3)	(4)	(5)
	Ret (*t*)				*Orthog. Ret* (*t*)
Orthog. CF Ret	0.019** (2.17)	0.018** (2.41)	0.144*** (5.28)	0.021*** (3.58)	0.030*** (4.15)
Avg. CF earn. growth (*t*-12, *t*-1)	0.003 (1.40)				

续表

Panel C：同伴公司收益率中的基本面信息					
	(1)	(2)	(3)	(4)	(5)
	Ret (t)				Orthog. Ret (t)
Avg. CF rev. growth (t-12, t-1)		0.001 (1.15)			
CF FR (t-1)			0.037 (0.55)		
CF FR (t-12, t-1)				0.141* (1.65)	0.070 (0.60)
Controls	Yes	Yes	Yes	Yes	Yes
Observations	170155	174749	172706	234032	169198
R-squared	0.108	0.109	0.136	0.122	0.143
#of groups	147	165	187	206	186

注：Panel A 和 Panel B 为面板回归，括号中报告了基于公司层面和年-季度层面聚类标准误的 t 统计量。Panel C 为 Fama-MacBeth 回归，*#of groups* 为回归中的截面数，括号中报告了基于滞后阶数为 4 的 Newey 和 West（1987）标准误的 t 统计量。*、**、*** 分别表示在 10%、5%、1%的显著性水平上显著。

接下来，探究关联公司的基本面信息是否对目标公司未来收益率具有预测能力。参照 Ali 和 Hirshleifer（2020）的做法，将 *CF Ret* 分解为两部分：共同分析师同伴公司基本面信息和 *CF Ret* 中正交于同伴公司基本面信息的部分。*CF Ret* 中与同伴公司基本面正交的部分包含市场对于同伴公司未来基本面的预期，因此也包含对目标公司的未来基本面的预期，因为共同分析师关联的公司之间的同期基本面信息高度相关（见表 4-2）。因此，*CF Ret* 正交于同伴公司基本面的部分可能对目标公司未来收益率具有预测能力。此外，同伴公司基本面中包含的信息是“有形的”（tangible），而 *CF Ret* 正交于同伴公司基本面的部分包含的信息是“无形的”（intangible）。无形信息更难处理，预计投资者对有形信息做出更快的反应。因此与无形信息（即 *CF Ret* 正交于同伴公司基本面的部分）相比，共同分析师同伴公司基本面信息的预测能力将更弱。

为了检验这一问题，将目标公司下一个月收益率对同伴公司基本面信息和同时期 *CF Ret* 正交于同伴公司基本面做截面回归，结果报告在表 4-9 的 Panel C 中。在不同模型中，使用了不同的基本面指标。具体而言，第（1）列为 EPS 增长、第（2）列为营业收入增长、第（3）列~第（5）列中为分析师一致盈利预测修正。在所有模型中控制了滞后的目标公司基本面指标、公司规模、EP、目标公司当月收益率、过去12个月的收益率（不包括当月）、异常换手率。在第（1）列中，将目标公司下月收益率对同伴公司过去的平均盈利增长［*Avg. CF earn. growth*（*t*−12，*t*−1），同伴公司过去12个月中宣布的季度盈利的平均增长率］以及同伴公司过去12个月收益率正交于盈利增长的部分（*Orthog. CF Ret*①）进行回归。*Orthog. CF Ret* 系数估计值显著为正，*Avg. CF earn. growth*（*t*−12，*t*−1）的系数不显著，这表明同伴公司过去盈利增长所包含的信息已经被吸收在目标公司股票价格中，*CF Ret* 对目标公司收益率的预测能力来自于与同伴公司基本面正交的部分。在第（2）列中，使用营业收入增长作为基本面指标，并得出类似的结论。这些结果表明，与正交部分中包含的无形信息相比，投资者对同伴公司基本面中包含的有形信息的反应更快。

在表4-9 Panel C第（3）列和第（4）列中，使用分析师盈利预测修正作为公司基本面指标。分析师的盈利预测修正不仅包含已经公布的信息，还反映了分析师对未来几个季度盈利增长的预期。结果表明，与 *CF FR* 相比，*CF Ret* 与 *CF FR* 正交的部分（*Orthog. CF Ret*）具有更强的预测能力。从第（4）列看，*CF Ret*（*t*−12，*t*−1）中与 *CF FR*（*t*−12，*t*−1）正交部分一个标准差的增长（0.16）意味着目标公司下月收益率增加30个基点。此外，发现 *CF FR*（*t*−12，*t*−1），即过去12个月中同伴公司的平均分析师盈利预测修正，在10%的显著性水平上是显著的。回想一下，在表4-7中，*CF FR* 能显著预测目标公司未来盈利预测修正，而公司未来的盈利预测修正与未来的股票收益率正相关。这意味着第（4）列中 *CF FR*（*t*−12，*t*−1）的显著预测能力可能仅来自其对目标公司未来盈利预测修正的预测能力。为了检验这一点，重复第（4）列中的回归，但将因变量替换为目标公司月收益率与同期分析师盈利预测修正正交的部分。*CF FR* 上的系数现在变得不显著了，这支持上述推测。而 *Orthog. CF Ret* 的系数估计仍然显著。第（5）列的结果还表明即使排除了滞后的分析师盈利预测行为的影响，同伴公

① 为简洁起见，在该表所有模型中，同伴公司收益率正交于基本面信息的部分都用 *Orthog. CF Ret* 表示。但不同模型中实际的定义不同。同伴公司收益率为与基本面信息同时期的收益率，基本面信息每列选取的指标也不相同。

司的收益率仍然可以显著预测目标公司未来收益率。这暗示着除了分析师滞后的信息更新行为以外，还存在其他来源，例如，投资者的信息处理偏差（如有限注意力）或交易摩擦等引起收益率的领先-滞后效应。

4.5.5 盈利公告日的领先-滞后效应

文献中一种被广泛使用的检验资产定价异象源于错误定价还是风险补偿的方法是检验异象因子在随后的盈利公布日的强弱（Bernard and Thomas，1989；Engelberg et al.，2018；Lee et al.，2019）。盈利公告日释放的大量信息有助于纠正投资者先前对该股票的错误估值，如果异象源于错误定价，那么预期在盈利公告日异象会更强。参照 Engelberg 等（2018）的做法，将股票日收益率对前一个月的 *CF Ret*，盈利公告日虚拟变量（*EDAY*）以及这两个变量的交互项（*CF Ret*×*EDAY*）进行面板回归。结果报告见表 4-10。

表 4-10 盈利公告日的领先-滞后效应

	Daily Return	
CF Ret	0.003* (1.73)	-0.000 (-0.11)
CF Ret×EDAY	0.010*** (2.76)	0.011*** (3.02)
EDAY	0.003*** (8.25)	0.002*** (7.07)
Day FE	Yes	Yes
Controls	No	Yes
Observations	5746599	5321371
R-squared	0.385	0.434

注：括号中报告了基于公司层面聚类标准误的 t 统计量；*、**、*** 分别表示在 10%、5%、1% 的显著性水平上显著。

在模型中控制了日固定效应，并且使用时间层面聚类的标准误。进一步控制目标公司过去连续 10 个交易日的收益率及其平方项、过去连续 10 个交易日交易量及其平方项。发现，*CF Ret*×*EDAY* 的系数估计值显著为正。上个月 *CF Ret* 增加一个标准差意味着目标公司在盈利公告日的收益率将提高 4.4 个基点。这进一步表明领先-滞后效应源于信息缓慢传递引起的错误定价。此外，虚拟变量 *EDAY* 的系数估计值显著为正，与文献中记载的盈利公告日股票收益率较高一致（Savor and Wilson，2016）。

4.6 附加检验和稳健性检验

4.6.1 附加检验

式（4-6）*CF Ret* 的定义中，认为共同分析师人数越多的同伴公司之间基本面相似度越高、经济相关性越强，并使用共同分析师人数来对同伴公司收益率进行加权平均。在第一个附加检验中，探究共同分析师人数与领先-滞后效应的关系，这是一个实证上的问题。一方面，由于分析师倾向于跟踪经济关联的公司，因此更多共同分析师表明更多基本面相似性或更强的关联性，从而有更强的领先-滞后效应。另一方面，更多共同分析师有助于加快信息传播，从而削弱领先-滞后效应。

为了检验此问题，根据共同分析师人数将共同分析师同伴公司分为两组，并比较两组同伴公司平均收益率对目标公司收益率的预测能力。结果报告在表 4-11 Panel A 中。第 1 列，将同伴公司分成 1 个共同分析师和多于 1 个共同分析师连接的两组。结果表明，当同伴公司与目标公司之间拥有多于 1 个共同分析师时，同伴公司收益率（*CF Ret*>1 *comm. analyst*）是更强的预测指标。就经济意义而言，*CF*>1 *comm. analyst return* 增加一个标准差预测下个月目标公司收益率将增加 43 个基点，约为 *CF*=1 *common analyst return* 影响的 4 倍（11 个基点）。在第（2）列中，比较了拥有 1 名共同分析师的同伴公司收益率（*CF Ret* 1 *comm. analyst*）和拥有 4 名以上共同分析师的同伴公司收益率（*CF Ret*>4 *comm. analyst*）的预测能力。结果与第 1 列一致：更多的共同分析师意味着更强的收益率领先-滞后效应。

表 4-11 附加检验

Panel A：共同分析师人数与收益率领先-滞后效应

	Ret（*t*+1）			
CF Ret 1 comm. analyst	0.031 (1.59)	0.022 (0.77)	0.009 (0.88)	0.011 (0.65)
CF Ret>1 comm. analyst	0.085*** (5.00)		0.050*** (4.57)	
CF Ret>4 comm. analyst		0.065*** (4.24)		0.046*** (3.66)
Observations	205218	139431	174414	112125
R-squared	0.119	0.132	0.117	0.130
#of groups	188	157	177	146

Panel B：共同分析师识别经济联系的时间稳定性

	Ret（*t*−9）	*Ret*（*t*−12）	*Ret*（*t*−15）
CF−no coverage RET（*t*−10）	0.015* (1.75)		
CF−no coverage RET（*t*−13）		0.011 (1.28)	
CF−no coverage RET（*t*−16）			0.019* (1.81)
Controls	Yes	Yes	Yes
Observations	157560	161589	160698
R-squared	0.117	0.115	0.115
Number of groups	197	194	191

Panel C：不同形成期和持有期的（*L*，*H*）策略

L=	*H*=	1	6	12	24	36
1	*EW*	0.99 (3.18)	0.30 (2.51)	0.20 (2.00)	0.13 (1.66)	−0.00 (−0.05)
	VW	0.70 (1.66)	0.23 (1.62)	0.24 (2.22)	0.16 (1.66)	0.01 (0.12)
3	*EW*	0.76 (2.62)	0.46 (2.63)	0.24 (1.53)	0.12 (1.04)	−0.05 (−0.53)
	VW	0.43 (1.13)	0.28 (1.25)	0.23 (1.27)	0.12 (0.77)	−0.08 (−0.71)

续表

Panel C：不同形成期和持有期的（L，H）策略						
L=	H=	1	6	12	24	36
6	EW	0.78 (3.08)	0.47 (1.92)	0.18 (0.91)	0.17 (1.11)	−0.04 (−0.32)
	VW	0.36 (0.86)	0.28 (1.04)	0.15 (0.69)	0.12 (0.60)	−0.11 (−0.75)
12	EW	0.52 (1.73)	0.21 (0.78)	0.13 (0.54)	0.05 (0.29)	−0.08 (−0.55)
	VW	0.24 (0.56)	0.03 (0.08)	0.12 (0.39)	0.04 (0.18)	−0.08 (−0.46)

Brennan 等（1993）发现跟踪分析师人数较多的股票收益率领先于跟踪分析师较少的股票收益率。相较于与目标公司只拥有一名共同分析师的同伴公司，拥有多名共同分析师的同伴公司的跟踪分析师人数更可能多于目标公司的跟踪分析师人数。为了确保结果不是来自于 Brennan 等（1993）发现的跟踪分析师人数领先-滞后效应，进一步限定同伴公司与目标公司属于相同的分析师跟踪人数五等分组，并重复前面的分析，结果报告在第 3 列和第 4 列中。得出了与之前相似的结论。本检验表明当关联公司之间拥有更多共同分析师时，领先-滞后效应更为明显，这为使用共同分析师人数作为权重来加权关联公司收益率提供了依据。

在表 4-11 的 Panel B 中，第二个附加检验提供了进一步的证据表明共同分析师识别的公司间联系是基于经济基本联系的。具体而言，识别了一组同伴公司，在 $t-1$ 月末与目标公司通过共同分析师关联，但在几个月前（如报告结果中的 10 个月、13 个月或 16 个月）由于目标公司或者该同伴公司没有分析师跟踪从而没有与目标公司相关联。然后，检验识别出的这一组同伴公司在当时（几个月前）的收益率对目标公司收益率的预测能力。例如，在表 4-11 的 Panel B 第 1 列中，先识别在 $t-1$ 月末与目标公司通过共同分析师关联但是在 $t-10$ 月末由于目标公司或者该同伴公司没有分析师跟踪从而两者之间没有共同分析师的同伴公司。随后计算这组同伴公司在 $t-10$ 月的加权平均收益 *CF-no coverage Ret*（$t-10$），然后把 $t-9$ 的目标公司收益率对 *CF-no coverage Ret*（$t-10$）做回归。以类似的方式，计算 *CF−no coverage Ret*（*t*−13）和 *CF−no coverage Ret*（*t*−16）并做相应的回归。在 Panel B 中发现 *CF−no coverage return*（*t*−10）和 *CF−no coverage return*（*t*−16）的系数显著为正，表明即使在目标公司与其同伴公司没有共同分析师的时期，也存在收益率的可预测性。鉴于公司之间的经济联系随时间是相对稳定的，这与共同分析师识别的是公司之间的基本面联系的推测是一致的。

在先前的讨论中，关注同伴公司滞后一个月收益率对目标公司下个月收益率的预测能力。在表 4-11 Panel C 中，分析了其他区间是否存在共同分析师领先-滞后效应。参照 Moskowitz 和 Grinblatt（1999）的方法，构造了（*L*，*H*）策略。具体来说，在每个月底，根据共同分析师同伴公司在过去 *L* 个月的平均收益率将公司等分为五组，做多收益率最高的一组，做空收益率最低的一组构建的零成本多空组合（Long/Short，L/S），在接下来的 *H* 个月中持有，并每月重新调整。*L* 被称为形成期（Forming period），*H* 被称为持有期（Holding period）。

为简洁起见，在表 4-11 Panel C 中报告根据 $L=1$、3、6、12 个月的滞后收益率排序，并持有 $H=1$、6、12、24、36 个月的（*L*，*H*）策略的回报。在报告的所有策略中，（1，1）策略获得的盈利最高，表明短期内共同分析师领先-滞后效应最强。（*L*，*H*）策略的盈利能力随着形成期 *L* 和持有期 *H* 的延长而迅速衰减，并且其衰减速度比文献中记载的美国市场上领先-滞后效应（*L*，*H*）策略营利性的衰减速度要快得多（Moskowitz and Grinblatt，1999；Lee et al.，2019）。这可能是由于中国散户投资者的频繁交易，这也被认为是中国股票市场不存在个股动量效应的一个可能原因。

图 4-2 绘制了按照过去 1 个月同伴公司收益率排序构建的多空投资组合在未来 12 个月内的累积收益。除了第 1 个月的收益率显著上升外，还观察到收益率在接下来 12 个月中持续上升。随着时间的推移，收益率并没有出现反转，这表明共同分析师动量效应是由价格对关联信息的反应不足而非过度反应所致。

参照 Cohen 和 Frazzini（2008）计算了反应不足系数（Underreaction coefficient），以衡量目标公司价格对相关信息反应不足的程度。反应不足系数定义为 *t* 月收益率占 *t* 月到 *t*+6 月收益率的百分比$\left(\frac{Ret_t}{Ret_t+Ret_{t+1,\ t+6}}\right)$。当相关信息逐渐被吸收到股价中，股价存在反应不足时，反应不足系数将小于 1；而当股价对相关信息反应过度时，反应不足系数将大于1；等于1的反应不足系数表示有效的信息扩散。在样本中，多空策略多头和空头股票的等权平均反应不足系数等于0.36，而对反应不足系数是否等于1检验 t 统计量为-3.87。这与在图4-2中观察到的在投资组合形成之后，累计收益率向上漂移的现象是一致的。

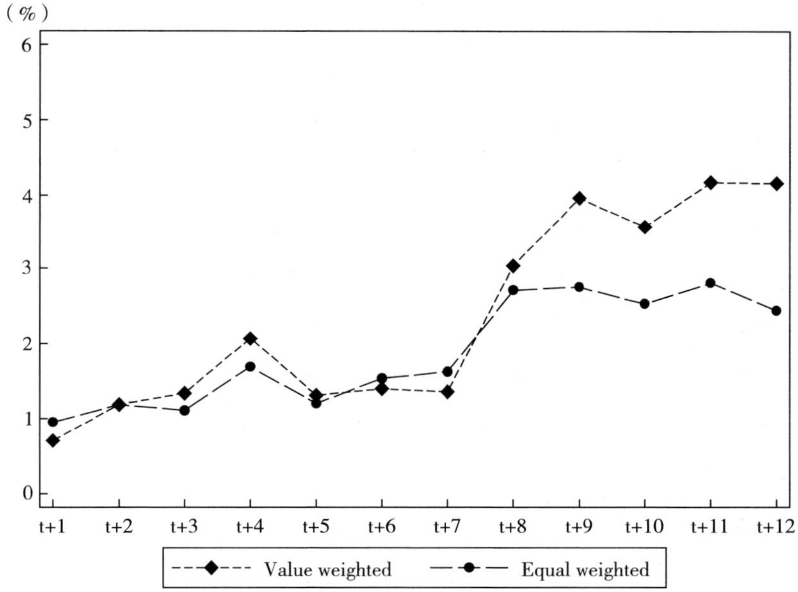

图4-2 *CF Ret* 多空策略累计收益率

4.6.2 稳健性检验

表4-12报告了一系列稳健性检验的结果。首先，测试不同样本段上收益率的可预测性，结果报告在Panel A中。将整个样本期等分为两组，2002年11月至2010年12月和2011年1月至2019年12月，并在每个子样本上重复表4-3中的分析。发现多空投资组合在两个子样本上都有显著的4因子和5因子超额收益。尽管跟踪分析师人数随时间增加，这有助于信息传播，但随着分析师行业的发展，分析师识别的公司间经济联系趋于多样化且增强。同时，由于更多的横断面观测值，五等分高低组之间 *CF Ret* 的差异在第二阶段可能更大。

表 4-12　稳健性检验

	市值加权		等权	
	4-factors alpha	5-factors alpha	4-factors alpha	5-factors alpha
Panel A：子样本时间段				
2002 年 11 月至 2010 年 12 月	1.42（2.25）	1.48（2.57）	1.09（3.66）	1.12（3.39）
2011 年 1 月至 2019 年 12 月	1.14（2.14）	1.32（3.45）	1.14（2.72）	1.25（3.56）
Panel B：公司上市板块				
主板	0.91（1.96）	1.18（3.39）	1.02（3.13）	1.20（4.81）
中小板	0.68（1.30）	0.92（2.27）	0.81（2.49）	0.96（3.41）
创业板	0.91（1.46）	1.03（1.67）	0.90（1.88）	0.96（2.01）
Panel C：同伴公司平均收益率的不同加权方式				
等权	1.00（2.40）	1.15（3.42）	1.02（3.95）	1.11（4.27）
市值加权	1.75（4.64）	1.88（6.36）	1.00（4.76）	1.07（5.42）
Panel D：根据过去 6 个月或者 18 个月分析师盈利预测数据构建分析师连接网络				
6 个月	0.86（1.92）	1.04（2.68）	0.95（3.41）	1.08（3.94）
18 个月	1.17（2.85）	1.35（4.06）	1.23（4.28）	1.35（4.77）
Panel E：排除新上市公司或长期停牌公司				
	1.14（2.66）	1.30（3.78）	1.02（3.87）	1.14（4.31）
Panel F：国有企业和非国有企业				
SOEs	0.87（3.40）	0.95（4.43）	0.80（4.07）	0.85（4.22）
Non-SOEs	0.88（2.85）	0.97（3.43）	1.02（3.29）	1.07（3.50）

在表 4-12 Panel B 中，探究了 A 股三个板块（主板、中小板和创业板）上的共同分析师领先-滞后效应，发现主板股票的领先-滞后效应更强。在主板上市的公司平均来说规模更大，并且被更多的分析师关注，信息传递速度可能更快，但同时，主板上市的公司与更多的同伴公司联系在一起，并且与同伴公司之间有更多的共同分析师。如前面的结果所示，更多的同伴公司和更多的共同分析师意味着更强的共同分析师动量效应。但不管怎样，在所有三个板块中都发现了

经济意义显著的结果。由于创业板的数据可得性，关于创业板的检验样本段从2009年11月开始，创业板股票的共同分析师动量效应在统计意义上不显著的原因可能是较短样本期导致缺乏足够的统计效力①。

在主要结果中，使用共同分析师人数对同伴公司的收益率进行加权。在Panel C中，检验了结果对不同加权方式的稳健性。使用市值加权或者等权重，共同分析师动量效应都是显著的。对于市值加权的多空投资组合而言，根据同伴公司市值加权平均收益率排序形成的组合比使用同伴公司等权收益率形成的组合表现要好很多。更有可能的原因是，规模更大的公司彼此之间拥有更多共同分析师，而不是由于大市值公司收益率领先于小市值公司收益率，因为没有在等权重构建的投资组合中观察到类似的现象。

在第四个稳健性检验中，改变分析师跟踪公司的定义。在主要结果中，定义如果分析师在过去12个月中对目标公司发布了至少一次盈利预测，则认为该分析师跟踪该公司。在Panel D中定义如果分析师在过去6个月或18个月内发布了至少一次盈利预测则认为该分析师跟踪目标公司。尽管使用6个月定义时的盈利略低，但两种定义的结果都是显著的。使用6个月定义时的盈利略低的可能原因是限制6个月以上的盈利预测为过时（Stale）的预测剔除了很多公司之间的经济联系。

在表4-12 Panel E中，施加了更多样本限制：参照Liu等（2019），剔除在过去6个月内上市，或者在过去12个月中交易天数少于120天，或者在上个月中交易天数少于15天的公司。这些限制减轻了长期停牌和新上市股票的可能影响。结果在定量上是相似的。

A股市场的一个特征是较多的国有企业。在表4-12 Panel F中，测试了结果对目标公司是否为国有企业的稳健性。观察到两组均存在显著的共同分析动量效应，表明结果并非来自国有企业或非国有企业的一方。

① 样本中创业板横截面观测值数量的时间序列平均值为340，而主板和中小板样本的时间序列平均值分别为665和797。

4.7 本章小结

在第3章中，分析师倾向于跟踪经济关联公司，并初步讨论了共同分析师同伴公司的同质性。在此基础上，本章研究了A股市场上的共同分析师领先-滞后效应。有如下七点发现：①共同分析师同伴公司收益率对目标公司未来收益率具有显著的预测能力，做多共同分析师同伴公司收益率高的股票、做空共同分析师同伴公司收益率低的股票构建的多空组合能产生显著的月度超额收益；②共同分析师领先-滞后效应不同于行业、地理、技术、客户行业、供应商行业领先-滞后效应，也无法用其他几个横截面收益率决定因素解释，共同分析师识别了多种经济联系，不限于行业、地理和技术联系；③信息处理任务越复杂，共同分析师领先-滞后效应越强；④投资者有限注意、分析师缓慢信息更新会加重关联信息的滞后传递；⑤机构投资者会同时交易关联公司以利用其掌握的公司之间共同信息，基金共同持股能加速信息传递；⑥共同分析师同伴公司收益率包含目标公司未来基本面信息，投资者对同伴公司的有形信息反应更快，而对收益率中的无形信息反应存在滞后，共同分析师领先-滞后效应是由于关联信息的缓慢传递所致；⑦共同分析师动量效应在盈利公告日更强。

本章提供了A股市场共同分析师领先-滞后效应的证据，并且提供了行业、地理、技术、客户行业、供应商行业领先-滞后效应的证据作为对比，补充了新兴市场上领先-滞后效应的研究。结果表明，需要控制A股市场上领先-滞后效应的研究者应该优先选择控制共同分析师领先-滞后效应。发现共同分析师动量效应源于关联信息滞后传递引起的错误定价，丰富了错误定价引起资本市场异象的证据。此外，对投资者行为、分析师行为的研究也从公司间关联信息传递的角度补充了A股市场上这两种市场主体如何影响股价信息效率的研究。

5 共同分析师跟踪与股价联动效应

5.1 引言

前面两章讨论了分析师的跟踪组合构成决策，发现分析师倾向于跟踪经济关联的公司，并进一步发现共同分析师跟踪的同伴公司之间由于关联信息的缓慢传递存在收益率领先-滞后效应。本章将继续从共同分析师跟踪这一视角探究另一只股票间收益率现象，股价联动效应。

本章关注的股价联动（Comovement）是指同一市场中不同个股价格同向变动，即“同涨同跌”现象。传统的观点认为股价联动来自于公司对系统性因子的共同暴露或者共同的经济冲击。例如，股价中更多的市场和行业层面信息会增大股价联动性（Morck et al.，2000；Piotroski and Barren，2004；Chan and Hameed，2006；Jin and Myers，2006）。文献中还发现股价联动无法完全用共同的基本面来解释，例如，指数成分股之间的超额联动（Barberis et al.，2005；Greenwood，2008）、相似价格股票之间的超额联动（Green and Hwang，2009）、名称相似股票之间的非理性联动（李广子等，2011），等等。文献中还发现股东共同持股（董大勇等，2013）、基金共同持股（Antón and Polk，2014）、董事联结（陆贤伟等，2013）、共同分析师跟踪（Muslu et al.，2014；Israelsen，2016）的股票之间股价联动性更强。对股价联动效应的研究有助于投资者资产分散化配置和风险管理，也有助于市场监管者稳定资本市场。

本章从分析师提供共同信息、加速共同信息在关联公司间传递的视角，检验了两种共同分析师跟踪增强股价联动的途径：跟踪组合特质信息溢出假说和关联信息扩散假说，并进一步探究了 A 股市场上共同分析师跟踪与股价联动的关系。跟踪组合特质信息溢出假说与第 3 章相互联系。第 3 章探究公司间经济联系与分析师跟踪组合构成决策的关系时认为，分析师跟踪经济关联公司的动机在于能利用共同信息同时满足多只股票上的投资者需求。分析师作为追求利润最大化的信息中介，且受制于有限的时间、精力、资源等，选择向投资者提供他/她所跟踪组合内股票的共同信息［跟踪组合特质信息（Muslu et al.，2014）］，能够同时满足多只股票上的投资者需求，节约信息制造成本。共同分析师提供的跟踪组合特质信息会增强投资者感知到的公司间受到共同经济冲击影响的程度，进而增强股价联动。关联信息扩散假说则与第 4 章的研究相关。第 4 章的结果表明，共同分析师同伴公司之间存在关联信息的滞后传递，因此分析师可以将领先公司的信息作为对滞后公司盈利预测和投资评级模型的输入，从而加速关联信息传递。由于有限的时间、精力等，分析师会更大程度加速其跟踪组合内的关联信息传递，使得组合内股票对共同信息的吸收速率趋同，而 Barberis 等（2005）认为对共同信息吸收速率相同的公司股价联动更强。通过以上两种途径，共同分析师跟踪可以增强股价联动。

本章的主要研究发现如下：①分析师跟踪组合中的其他股票会对分析师在目标公司发布的研究报告做出反应。②相较于对单独分析师报告的市场反应，两只股票对共同分析师报告市场反应更接近。③共同分析师对两只股票的盈利预测相关性要高于单独分析师。④共同分析师比例越高，分析师对两只股票的一致盈利预测误差相关性越高。⑤分析师对目标公司更新盈利预测时会使用其跟踪组合内其他公司的过去盈利预测修正作为模型的输入。⑥跟踪组合内同伴公司的滞后收益率对目标公司未来收益率具有更强的预测能力，表明分析师会在跟踪组合内有大量关联信息需要传递时发布投资评级，且投资评级方向与组合内同伴公司过去收益率一致。⑦分析师活动会加速组合内共同信息传递从而削弱盈利预测修正和收益率的领先-滞后效应。⑧共同分析师跟踪能增强股价联动和超额联动。⑨指数调整前后收益率相关性变化与指数调整前后共同分析师比例变化显著正相关。

本章提供了 A 股市场上共同分析师跟踪增强股价联动效应的证据，丰富了股价联动效应影响因素的文献。已有国内文献从股东关联、董事联结、交叉持股等角度进行了研究（董大勇等，2013；陆贤伟等，2013；马丽莎等，2014），但没有关注过共同分析师跟踪这一角度。通过检验分析师报告中的跟踪组合特质信息和分析师加速关联信息传递等问题，本章在第 3 章、第 4 章的基础上，进一步从同伴公司之间共同信息产生和传递的角度研究了分析师提升股价信息有效性的信息中介功能，而以往文献多从单个公司角度进行分析。本书发现分析师报告提供了跟踪组合特质信息，这补充了关于分析师报告信息属性的国内文献，以往国内文献关注分析师究竟提供了更多公司特质信息还是市场和行业层面信息。

除了检验国外文献提出的跟踪组合特质信息溢出假说（Muslu et al.，2014）是否在 A 股市场适用，本章还提出并检验了一种新的共同分析师影响股价联动的途径，即关联信息扩散假说。并发现，相较于分析师跟踪组合外的同伴公司，分析师更大程度上加速传播跟踪组合内同伴公司的关联信息，这使得分析师跟踪组合内公司对共同信息的吸收速率趋同，股价联动性提升。Parsons 等（2020）认为股票是否能及时对共同信息冲击做出反应取决于与同伴公司共有的分析师人数，本章对关联信息扩散假说的检验为这一论点提供了直接的证据。

本章后续部分安排如下：5.2 为提出理论分析及假设；5.3 介绍了数据、变量与描述性统计；5.4 检验了跟踪组合特质信息溢出假说和关联信息扩散假说；5.5 检验了共同分析师跟踪对股价联动效应的影响；5.6 本章小结。

5.2 理论分析及假设提出

本节将依次阐述共同分析师跟踪增强股价联动的两种途径：跟踪组合特质信息溢出假说以及关联信息扩散假说。

分析师面临的一个决策是研究报告中的信息属性。分析师可以选择提供公司特质信息以满足投资者对特定股票信息的需求，也可以选择提供市场和行业层面信息，或者跟踪组合特质信息，利用共同信息对多只股票发布研究报告降低信息收集和处理成本。提供不同属性的信息会影响能满足的投资者对分析师研究服务的总需求，进而决定了分析师提供信息的收益。通过提供公司特质信息，分析师能更大程度地满足投资者对目标公司信息的需求；而市场和行业层面信息、跟踪组合特质信息会使得分析师报告在不同股票间趋同，对于单只股票而言信息含量不如公司特质信息，因此无法满足不同个股上投资者对公司特定信息的需求。但提供共同信息能降低信息收集与处理成本，同时满足多只股票上的投资者需求。相较于市场和行业层面信息适用于全市场或全行业的公司，跟踪组合特质信息专注于分析师跟踪的公司，而分析师无法从跟踪组合以外的股票上获得提供信息带来的收益。

因此，预计跟踪组合特质信息是分析师报告信息的一部分。当分析师报告中跟踪组合特质信息很少时，分析师可以通过提供跟踪组合特质信息降低成本的同时满足多只股票上的投资者需求，而此时只会牺牲较少的分析师报告的独特性；当分析师报告中跟踪组合特质信息过多时，分析师报告在其跟踪的多只股票之间趋同，无法满足投资者对个股信息的需求，此时减少跟踪组合特质信息转而提供公司特质信息能满足更多投资者需求、获取更大收益。基于以上阐述，提出如下跟踪组合特质信息溢出假设（Coverage-specific information hypothesis）：

假设 5-1：分析师报告中含有跟踪组合特质信息。

对于假设 5-1，有如下具体可以检验的假设：

股价会对分析师报告中释放的信息做出反应。当分析师报告中包含行业层面信息时，同行业其他股票会对分析师报告做出反应；当分析师报告中包含跟踪组合特质信息时，分析师跟踪的其他股票会对分析师报告做出反应。因此，有如下预测：

假设 5-1-1：分析师跟踪的其他股票会对分析师报告做出反应。

对两只股票而言，定义同时跟踪这两只股票的分析师为共同分析师（Pair analyst[①]），只跟踪这两只股票之一的分析师为单独分析师（Individual analyst）。预计共同分析师提供的报告中包含更多两只股票的共同信息。因此，两只股票对共同分析师报告的市场反应要比对单独分析师报告的市场反应更接近。

假设 5-1-2：两只股票对共同分析师报告的市场反应更接近。

---

① 由于本章中大多数情况下共同分析师指同时跟踪一只股票对（Stock-pair）的分析师，因此使用 Pair analyst 而不是 Common analyst 来表示共同分析师。

相比于单独分析师，共同分析师使用更多的共同信息作为盈利预测模型的输入，因此预计共同分析师对两只股票的盈利预测相关性更高。

假设 5-1-3：共同分析师的盈利预测相关性要更高。

由于分析师在对其跟踪的多只股票进行盈利预测时可能使用相同的估值模型、方法和输入，分析师对跟踪组合内股票的盈利预测误差是相关的。当两只股票之间共同分析师比例越高时，分析师行业对两只股票的一致盈利预测误差相关性越高。

假设 5-1-4：共同分析师比例越高，分析师对两只股票的一致盈利预测误差相关性越高。

跟踪组合特质信息溢出假说认为，分析师报告提供了跟踪组合内多只股票的共同信息，这印证了第三章的分析师倾向于跟踪关联公司的动机在于能利用股票间的共同信息提高收益降低成本。分析师通过释放跟踪组合特质信息，能增强投资者感知到的两只股票受到共同经济冲击的程度，进而增强股价联动。

分析师也能通过另一种途径，即加速跟踪组合内关联信息的传递增强股价联动，以下为具体的假设阐述：

基本面相似或经济关联的公司受到很多共同冲击。但是，共同信息不是同时被吸收到这些公司的股价中。如第 4 章所述，共同分析师同伴公司之间存在关联信息的缓慢传递，导致了收益率的领先-滞后效应。分析师作为重要的信息中介，可以帮助传递关联信息并削弱收益率领先-滞后效应，换句话说，也就是增强了同时期的收益率联动。与研究更为相关的一点是：将分析师关注的某个目标公司的同伴公司分成两组，一组属于该分析师跟踪组合内，另一组在其跟踪组合外，两组公司的股价都包含该目标公司的关联信息；预计分析师会更大程度地加速其跟踪组合内的关联信息的传递（比如，由于有限的时间、精力或利益动机，他们会更密切地关注其跟踪组合内的公司，或者对于共同信息对其跟踪组合内公司的影响有更深的理解）[①]。基于以上阐述，提出如下关联信息扩散假说（Related in-

---

① Parsons 等（2020）表达了类似的观点，他们认为公司是否能对与关联公司共同的信息及时地做出反应取决于公司与其关联公司之间的共同分析师人数，而不是单个公司的跟踪分析师人数。但他们没有给出支持性的检验证据，同时也没有给出解释。将这一观点与分析师注意力分配相联系。由于有限的时间、精力以及利益动机，分析师更多地关注于跟踪组合内信息并加速传递，因此两只股票对共同信息吸收速率取决于共同分析师人数。

formation diffusion hypothesis)：

假设 5-2：相较于跟踪组合外的关联信息，分析师会更快速地跟踪组合内关联信息的传递。

Barberis 等（2005）认为，当某些共同层面的信息（Aggregate-level news）被释放时，一些股票会更快地做出反应并立即吸收信息，而另一些股票会有所延迟。以相似速率吸收共同信息的股票将表现出更高的股价联动性。关联信息扩散假说基于他们的论点，并且重点在于比较分析师对跟踪组合内外关联信息传递的加速作用。此外，不同于跟踪组合特质信息溢出假说强调分析师提供特定于其跟踪组合内股票的信息并在其跟踪的多只股票上引起同步的市场反应，关联信息扩散假说的侧重点是分析师加速传播已经反映在其跟踪组合中其他公司股价中的关联信息，并使得跟踪组合内公司对共同信息吸收速率趋同。

对于假设 5-2，有如下具体可以检验的假设：

在阐述具体的假设前，定义在当月对目标公司更新盈利预测或投资评级的分析师为活跃分析师，跟踪目标公司但在当月保持沉默的分析师为不活跃分析师。进一步地，将目标公司的同伴公司分成两组，一组属于活跃分析师跟踪组合内，另一组在活跃分析师跟踪组合外。

预计活跃分析师在对目标公司进行盈利预测修正时更多使用其跟踪组合内同伴公司的过去盈利预测修正信息：

假设 5-2-1：活跃分析师跟踪组合内同伴公司的过去盈利预测修正对目标公司未来盈利预测修正具有更强的预测能力①。

以往关于分析师投资评级信息含量的文献发现分析师会在投资评级中吸收进公司的长期动量、短期反转等信息（Altınkılıç and Hansen，2009；Yezegel，

① 一个简单的例子是：公司 A 通过分析师 1 与公司 B 相连，通过分析师 2 与公司 C 相连。假设公司 B、公司 C 的过去盈利预测修正都包含公司 A 未来的盈利预测修正的信息。如果分析师对公司 A 更新盈利预测时只吸收自己跟踪组合内的同伴公司的过去信息，那么预计当分析师 1 更新盈利预测修正时，公司 B 的过去盈利预测修正具有预测能力，而公司 C 则没有；当分析师 2 更新盈利预测修正时则情况相反。如果分析师对公司 A 更新盈利预测时既会吸收自己跟踪组合内的同伴公司也会吸收组合外同伴公司的过去信息，那么预计不管分析师 1 或者分析师 2 更新盈利预测，公司 B、公司 C 的盈利预测修正都能显著预测公司 A 的盈利预测修正。一个可能的质疑是分析师选择在跟踪组合内同伴公司具有预测能力时对公司 A 更新盈利预测。但如果分析师能观察到跟踪组合外的同伴公司信息，也将观察到组合内外的过去盈利预测修正信息显著预测分析师对目标公司未来的盈利预测修正。

2015；Altınkılıç et al.，2016），以此向投资者传递更多信息或者提升投资评级盈利能力。而第 4 章对收益率领先-滞后效应的研究表明同伴公司收益率对目标公司未来收益率具有预测能力。因此，分析师可能会利用同伴公司过去收益率信息作为对目标公司投资评级的模型输入。同样地，由于有限的时间、精力、利益动机等，预计分析师会更多利用其跟踪组合内同伴公司信息。具体而言，有两个可检验的假设，一个是关于分析师发布投资评级的时机选择，另一个是关于分析师投资评级的方向选择①。

首先，在时机选择上，分析师会选择在其跟踪组合内有更多关联信息需要传递时发布投资评级。更多的关联信息滞后传递意味着更显著的收益率领先-滞后效应，有如下预测：

假设 5-2-2：分析师对目标公司发布投资评级时，相较于分析师跟踪组合外的同伴公司，跟踪组合内同伴公司的滞后收益率对目标公司未来收益率具有更强的预测能力②。

其次，在方向选择上，只有当分析师能正确利用同伴公司过去收益率信号时，分析师投资评级才能加速关联信息吸收到股价中。由于同伴公司收益率正向预测目标公司未来收益率，预计分析师会发布与同伴公司过去收益率方向一致的投资评级，并且分析师会更多利用其跟踪组合内同伴公司信息。因此预计：

假设 5-2-3：分析师的投资评级（上调/下调）与跟踪组合内同伴公司过去收益率正相关，且显著大于与跟踪组合外同伴公司过去收益率的相关性。

分析师活动更大程度加速跟踪组合内关联信息传递，而关联信息的及时传递意味着更弱的领先-滞后效应，因此预计：

假设 5-2-4：分析师活动能削弱跟踪组合内的盈利预测修正领先-滞后效应和收益率领先-滞后效应。

---

① 思路与 Yezegel（2015）一致。Yezegel（2015）探究分析师在公司盈利公告后发布投资评级的决定因素，具体检验了分析师发布投资评级时机选择的决定因素与评级修正方向/幅度的决定因素，并发现分析师在公司有更多信息需要解读和传递时发布投资评级。研究设计与 Yezegel（2015）不同，并且关注分析师对跟踪组合内/外同伴公司的关联信息传递的作用。

② 假设 5-2-2 并不取决于分析师是否能正确利用同伴公司过去信息，只取决于时机选择。对假设 5-2-2 的另一种解释是：分析师投资评级将引起同向的市场反应，假如分析师能正向利用组合内同伴公司过去收益率生成对目标公司的投资评级，那么分析师投资评级后的市场反应与组合内同伴公司过去收益率正向相关性将更高。

对假设 5-1 的分析表明，共同分析师研报提供跟踪组合特质信息，这会增强投资者感知到的股票间受到共同经济冲击影响的程度，进而增强股价联动；对假设 5-2 的分析表明，分析师活动能加速跟踪组合内关联信息传递使得跟踪组合内股票吸收共同信息速率趋同从而增强股价联动。共同分析师也能通过与投资者私下交流的方式传递信息。两只股票间共同分析师越多，股价联动增强效应越显著。因此，有以下假设：

假设 5-3：共同分析师占比越高，股价联动效应越强。

5.3 数据、变量与描述性统计

5.3.1 数据选取

本章的样本来自多个数据源。分析师的盈利预测、投资评级数据、股票收益率、公司财务指标来自于 CSMAR。专利授权数据获取自 CNRDS。投入产出表下载自国家统计局。基金持股数据来自 Wind。本章的样本从 2002 年开始，至 2019 年结束。行业分类使用申万行业分类标准。为了避免极端值对回归结果的影响，对连续变量在 1%的水平上双侧缩尾。

对于两家公司，当至少一名分析师在当年对这两家公司发布盈利预测时，定义这两家公司为同伴公司。样本剔除了全年日收益率观测值少于 100 家公司，以减少停牌和 IPO 对收益率相关性估计的影响。除非特别指出，否则样本由拥有至少一名共同分析师的股票对组成。

5.3.2 描述性统计

表 5-1 报告了按年份列出的股票对的描述性统计量。整个样本共有 1477854 个股票对。平均来说，股票对每年有 2.3 个共同分析师和 36.5 个单独分析师。共同分析师公布的盈利预测约占总数的 13%。

表 5-1 股票对的年度分布

年份			#Analysts		#Forecasts	
	#Firm	#Stock-Pair	#Pair	#Ind	Pair	Ind
2002	95	128	1.01	1.8	2.06	1.93
2003	255	645	1.1	4.48	2.5	4.98
2004	308	958	1.22	4.92	3.16	5.99
2005	499	3867	1.57	13.7	4.65	19.23
2006	582	4973	1.51	11.09	4.7	16.45
2007	676	8916	1.64	18.05	5.11	28.88
2008	913	39339	2.07	34.14	8.08	68.58
2009	1016	36442	2.36	36.75	8.51	67.91
2010	1301	92162	2.1	41.6	7.88	76.06
2011	1613	158687	1.87	32.42	7.47	64.36
2012	1638	125663	2.18	38.39	9.5	84.71
2013	1517	71535	2.7	36.77	13.92	95.87
2014	1755	79282	2.76	30.67	15.12	82.95
2015	2044	117096	2.22	24.86	11.44	62.15
2016	2253	217669	2.12	30.43	10.49	76.79
2017	2401	235254	2.36	38.41	11.31	96.6
2018	2105	157712	2.6	45.51	13.41	123.32
2019	2058	127526	3.03	49.56	15.82	133.76

表 5-2 中的 Panel A 报告了样本中单个公司—年份公司个体特征的描述性统计量。样本公司平均有 12.51 名跟踪分析师（*#Analysts*）、总资产（*Total Asset*）为 780.47 亿元、市值（*Mkt. Cap.*）为 175.35 亿元、年交易量（*Volume*）为 29.60 亿股，相较于样本外的上市公司要更大。样本公司的平均杠杆率（*Leverage*）为 0.41、资产收益率（*ROA*）为 0.05、每股收益（*EPS*）为 0.45、账面市值比（*BM*）为 0.55。公司的经营状况和盈利能力均优于市场平均水平。这与以下事实一致：分析师倾向于跟踪规模更大的公司和经营业绩较好的公司。样本公司中分别有 17%和 22%的公司属于沪深 300 指数（*CSI* 300）和中证 500 指数（*CSI* 500）的成份股中。就市值而言，样本占整个市场的 83%。

表 5-2　公司个体特征和股票对特征的描述性统计

Panel A：公司个体特征

	Mean	*min*	*p25*	*Median*	*p75*	*max*
#Analyst	12. 51	1	3	8	18	89
Total Asset	780. 47	0. 0095	18. 10	40. 04	106. 20	3. 01e+05
Mkt. Cap.	175. 35	3. 41	34. 00	63. 46	129. 65	22400. 00
Volume	29. 60	0. 20	6. 59	14. 37	30. 55	2551. 59
CSI 300	0. 17	0	0	0	0	1
CSI 500	0. 22	0	0	0	0	1
Leverage	0. 41	0	0. 25	0. 41	0. 57	16. 55
ROA	0. 05	-6	0. 02	0. 05	0. 08	0. 79
EPS	0. 45	-16. 46	0. 16	0. 35	0. 63	32. 8
BM	0. 55	0	0. 33	0. 52	0. 75	4. 57
Price	16. 75	1. 32	7. 31	11. 93	20. 07	1183
Age	9. 87	1	4	9	15	30

Panel B：股票对特征

	Mean	*min*	*p25*	*Median*	*p75*	*max*
Return Correlation	0. 39	0. 01	0. 28	0. 39	0. 5	0. 75
Pair Coverage	0. 07	0. 01	0. 02	0. 04	0. 09	0. 43
Coverage Intensity	1. 97	0. 31	1. 23	1. 79	2. 51	5. 46
Same Ind	0. 31	0	0	0	1	1
Related Ind	0. 2	0	0	0	0	1
Same State	0. 02	0	0	0	0	1
Tech	0. 1	0	0	0	0. 05	0. 94
Same Exchange	0. 56	0	0	1	1	1
CSI 300	0. 06	0	0	0	0	1
CSI 500	0. 06	0	0	0	0	1
Pair Fund	0. 01	0	0	0	0	0. 16
Similar Asset	0. 32	0	0	0	1	1
Similar BM	0. 3	0	0	0	1	1
Similar Age	0. 3	0	0	0	1	1
Similar Leverage	0. 28	0	0	0	1	1
Similar ROA	0. 31	0	0	0	1	1

续表

Panel B：股票对特征						
	Mean	*min*	*p25*	*Median*	*p75*	*max*
Similar EPS	0. 31	0	0	0	1	1
Similar Price	0. 31	0	0	0	1	1
Diff Experience	0. 14	−1. 44	−0. 17	0. 18	0. 52	1. 07
Diff Broker Size	−0. 25	−2. 08	−0. 58	−0. 14	0. 17	0. 83
Diff Companies	0. 64	−0. 94	0. 2	0. 59	1. 06	2. 22
Diff Forecast Error（∗100）	−0. 12	−1. 62	−0. 32	−0. 1	0. 1	1. 23

注：Panel A 中的 *Total Asset*、*Mkt. Cap.* 单位为亿元人民币，*Volume* 单位为亿股。

表 5-2 中的 Panel B 报告了股票对（Stock-pair）年度特征描述性统计量。年度收益率相关系数（*Return Correlation*）均值为 0. 39，且样本内变动较大，从第 25 百分位数的 0. 28 到第 75 百分位数的 0. 5。关心的变量，共同分析师比例（*Pair Coverage*）定义为共同分析师人数占两只股票的所有跟踪分析师之比，均值为 7%，并且也表现出相当大的变动。共同分析师比例的第 25 百分位数为 2%，而第 75 百分位数为 9%，分布是右偏的。

为了分离出共同分析师跟踪对股价联动的影响，还控制了股价联动的其他影响因素。控制了分析师跟踪强度［*Coverage Intensity*，跟踪两只股票的分析师人数除以两只股票所在行业平均跟踪分析师人数之和（Chan and Hameed，2006；Piotroski and Barren，2004）］。还在模型中加入了公司间经济联系（*Economic Link*）和指数成份股（*Index Member*）的代理变量。具体而言，包括同行业的虚拟变量［*Same Ind*，如果两家公司属于同一行业，则取值为 1，不同行业取 0（Kallberg and Pasquariello，2008）］、相关行业的虚拟变量［*Related Ind*，根据投入产出表，当两只股票中的一只股票所在行业供应另一只股票所在行业超过 10%的总投入或者消耗另一只股票所在行业超过 10%的总产出时取值为 1，否则为 0（Menzly and Ozbas，2010）］、相同地区的虚拟变量［*Same State*，当两个公司总部所在地位于同一城市时取值为 1，否则为 0（Pirinsky and Wang，2006）］和技术相似性［*Tech*，公司之间授权专利在国际专利分类上分布的相关性（Lee et al.，2019）］和相同交易所的虚拟变量［*Same Exchange*，当两只股票在同一交易所上市时取值为 1，否则为 0（Chen et al.，2017）]，以及相同指数成份股的虚拟变量 *CSI* 300，当两只股票都属于沪深 300 指数的成份股时取值为 1，否则为 0；*CSI* 500，当两只股票都属于中证 500 指数的成份股时取值为 1，否则为 0（Barberis et al.，2005）。还控制了基金共同持股比例（*Pair Fund*，同时持有两只股票的基金数目占持有两只股票至少其中之一的所有基金之比①）。

分析师跟踪强度（*Coverage Intensity*）均值为 1.94。分别有 31%和 20%的股票对（Stock-pair）中的股票属于同一行业（*Same Ind*）和相关行业（*Related Ind*）。只有 2%的股票对中的股票公司总部位于相同城市（*Same State*），这表明样本中地理区域聚集现象并不明显。技术相似性（*Tech*）均值为 0.1，分布高度偏右。有 56%的股票对中的两只股票在同一交易所上市（*Same Exchange*）、大约 12%的股票对中的两只股票同属于沪深 300 指数（*CSI* 300）或同属于中证 500 指数（*CSI* 500）。基金共同持股比例（*Pair Fund*）的均值为 1%，大多数股票对基金共同持股值为零，这暗示着共同分析师跟踪对股价联动的影响不太可能源于基金共同持股。

进一步在模型中控制了一组反映公司间基本面相似性（*Similarity*）的虚拟变量，包括 *Similar Asset*、*Similar BM*、*Similar Age*、*Similar Leverage*、*Similar ROA*、*Similar EPS* 和 *Similar Price*，依次反映了两家公司在总资产、账面市值比、公司年龄、账面杠杆率、资产回报率、每股收益和年末收盘价的相似性。具体而言，年末按照上述变量对样本排序分成四等分组，如果两家公司属于同一分组，则取值为一，否则为零。所有这些变量的均值都在 0.25 以上（如果是随机形成的股票对，等于 0.25），这说明通过共同分析师跟踪识别的股票对基本面相似性高于市场平均水平，与分析师倾向于跟踪基本面相似公司一致。

本章的几个检验使用单独分析师作为共同分析师的对照组，因此有必要控制两组分析师的特征差异。构建了四个变量表示两组分析师在平均从业经验、所属

① Israelsen（2016）定义了基金共同持股比例，区别在于在分母中使用持有两只股票至少其中之一的所有基金数量，而 Israelsen（2016）则使用持有其中一只股票的基金数与持有另一只股票基金数的几何平均值。只考虑每只基金的前 50 只股票，因为前 50 只股票更可能是那些基金交易会带来价格压力的股票。考虑所有持股对结果没有影响。还按照 Antón 和 Polk（2014）使用同时持有两家公司的基金所持有的市场价值占持有这两家公司至少有一家的所有基金所持有的市场价值中的比例来衡量基金共同持股比例，结论没有改变。

券商规模、跟踪公司数目和过去预测表现之间的差异[①]，分别为 *Dif Experience*、*Dif Broker Size*、*Dif Companies*、*Dif Forecast Error*。从 Panel B 的描述性统计看，平均而言，共同分析师从业经验更长、在较小券商工作、跟踪更多公司，并且过去的预测更准确。

简洁起见，后文省略了对控制变量回归结果的报告，而是将控制变量分成了几组，在不同模型中加入不同组合的控制变量，分别为公司间经济关联（*Economic Link*），包括 *Same Ind*、*Related Ind*、*Same State*、*Tech*、*Same Exchange*[②]；指数成份股（*Index Member*），包括 *CSI* 300、*CSI* 500；基本面相似性（*Similarity*），包括 *Similar Asset*、*Similar BM*、*Similar Age*、*Similar Leverage*、*Similar ROA*、*Similar EPS*、*Similar Price*；分析师特征差异（*Dif Analyst Characteristic*），包括 *Dif Experience*、*Dif Broker Size*、*Dif Companies*、*Dif Forecast Error*。表 5-3 汇总了本书所用主要变量。

表 5-3 变量定义与计算方法

变量名称	变量符号	变量描述
收益率相关性	*Return Correlation*	两只股票日收益率的年度相关系数。要求每年至少有 100 个观测值
超额联动	*Excess Comovement*	两只股票日残差收益率的年度相关系数。残差收益率为实现收益率减去因子模型估计的收益率。要求每年至少有 100 个观测值
收益率绝对值	*Abs Ret*	公司规模调整的日收益率的绝对值。每年在 5% 的水平上双侧截尾（truncation）
共同分析师预测相关性	*Forecast Corr Pair*	共同分析师对两只股票的月度一致盈利预测的年度相关系数
单独分析师预测相关性	*Forecast Corr Ind.*	单独分析师对两只股票的月度一致盈利预测的年度相关系数
预测误差相关性	*Forecast Error Corr*	分析师对两只股票的月度一致盈利预测误差在整个样本期上的相关系数
共同分析师比例	*Pair Coverage*	共同分析师占跟踪两只股票的所有分析师之比
跟踪强度	*Coverage Intensity*	跟踪两只股票的分析师人数除以两只股票所在行业平均跟踪分析师人数之和

① 对两组分析师的平均特征变量加一取自然对数以后再作差。

② *Same Exchange* 并不是公司间经济联系，但是为了简便，将 *Same Exchange* 归于这组。

续表

变量名称	变量符号	变量描述
相同行业	*Same Ind*	虚拟变量，两只股票属于同一行业取 1，不同行业取 0。按照申万一级行业分类标准定义行业
相关行业	*Related Ind*	根据投入产出表，当两只股票中的一只股票所在行业供应另一只股票所在行业超过 10%的总投入或者消耗另一只股票所在行业超过 10%的总产出时取值为 1，否则为 0
相同交易所	*Same Exchange*	当两只股票在同一交易所上市时取值为 1，否则为 0
相同地区	*Same State*	当两个公司总部所在地位于同一城市时取值为 1，否则为 0。公司所在城市定义为邮政编码前 4 位
技术相似性	*Tech*	参照 Jaffe（1986），定义为公司之间技术专利在国际专利分类上分布的相关性
沪深 300 指数	*CSI* 300	当两只股票都属于沪深 300 指数的成份股时取值为 1，否则为 0
中证 500 指数	*CSI* 500	当两只股票都属于中证 500 指数的成份股时取值为 1，否则为 0
相似规模	*Similar Asset*	年末按照公司总资产排序分成四组，当两个公司属于相同规模分组时取值为 1，否则为 0
相似账面市值比	*Similar BM*	年末按照公司账面市值比排序分成四组，当两个公司属于相同账面市值比分组时取值为 1，否则为 0
相似公司年龄	*Similar Age*	年末按照公司年龄排序分成四组，当两个公司属于相同年龄分组时取值为 1，否则为 0
相似杠杆率	*Similar Leverage*	年末按照公司杠杆率排序分成四组，当两个公司属于相同杠杆率分组时取值为 1，否则为 0
相似 ROA	*Similar ROA*	年末按照公司资产收益率排序分成四组，当两个公司属于相同资产收益率分组时取值为 1，否则为 0
相似 EPS	*Similar EPS*	年末按照公司 EPS 排序分成四组，当两个公司属于相同 EPS 分组时取值为 1，否则为 0
相似价格	*Similar Price*	年末按照公司股价排序分成四组，当两个公司属于相同价格分组时取值为 1，否则为 0
经验差异	*Diff Experience*	对两只股票而言，共同分析师平均从业经验与单独分析师平均从业经验之差
券商规模差异	*Diff Broker Size*	对两只股票而言，共同分析师所在券商的平均规模与单独分析师所在券商的平均规模之差。券商规模使用券商当年活跃分析师人数衡量
跟踪组合规模差异	*Diff Companies*	对两只股票而言，共同分析师平均跟踪组合规模与单独分析师平均跟踪组合规模之差。分析师跟踪组合规模使用当年分析师跟踪股票数量衡量
预测误差差异	*Diff Forecast Error*	对两只股票而言，共同分析师平均过去预测误差与单独分析师平均过去预测误差之差
基金共同持股比例	*Pair Fund*	同时持有两只股票的基金占持有两只股票至少其中之一的所有基金之比

5.4 跟踪组合特质信息溢出假说和关联信息扩散假说

5.4.1 分析师评级变更的信息属性

首先检验跟踪组合特质信息溢出假说。在第一个检验中，参照 Liu（2011），将评级变更附近短期市场反应分解为市场层面、行业层面、跟踪组合特质和公司特质这四个相互正交的成分来研究分析师评级变更报告中包含的信息。具体地，将评级变更附近短期收益率对同时期市场收益①、对市场收益正交化的行业收益以及对市场收益和行业收益正交化的共同分析师组合收益作回归（见式 5-1）：

$$R_n^t=\alpha+\beta_M\times R_M^t+\beta_I\times(R_I^t-\beta_n^{IM}R_M^t)+\beta_A\times(R_{A,n}^t-\beta_{A,n}^{AM}R_M^t-\beta_{A,n}^{AI}(R_I^t-\beta_n^{IM}R_M^t))+\varepsilon \quad (5-1)$$

其中，R_M^t 是市值加权的市场收益率，R_I^t 是市值加权的行业收益率（不包括目标公司自身），$R_{A,n}^t$ 是分析师跟踪组合中其他公司的等权收益率②。每年运行以下回归来估算 β_n^{IM}、$\beta_{A,n}^{AM}$、$\beta_{A,n}^{AI}$③：

$$R_I^t=\alpha_n+\beta_n^{IM}R_M^t+\varepsilon_{n,t}^{I} \quad (5-2)$$

$$R_{A,n}^t=\alpha_{A,n}+\beta_{A,n}^{AM}R_M^t+\beta_{A,n}^{AI}(R_I^t-\beta_n^{IM}R_M^t)+\varepsilon_{A,n}^{t} \quad (5-3)$$

---

① 关注的是评级上调和下调事件。评级变更比评级本身能引起更强烈的市场反应（Jegadeesh et al.，2004）。对评级更变的定义与 Gu 等（2012）一致。对分析师评级进行编码：“强买”为 4，“买”为 3，“持有”为 2，“卖”或“强卖”为 1。上调是指大于过去 150 天内同一分析师发布的上一条评级，或者当过去 150 天内同一分析师未发布评级时编码值为 4 的那些评级。下调是指那些小于同一分析师在过去 150 天内发布的上一条评级或者在过去 150 天内同一分析师未发布评级时编码值为 1 的那些评级。在整篇论文中，在 150 天外发布的盈利预测或投资评级被视为“过时（stale）”。

② 对于同伴公司均值变量计算使用的加权方式：本章关于跟踪组合特质信息溢出假说以及股价联动性的检验参照 Muslu 等（2014）使用权重，而关联信息扩散假说中，由于检验与第 4 章类似，为了保持一致使用共同分析师人数加权。除了表 5-4 第（3）列的结论只有在等权重时成立，其他的检验结论对于使用等权重、市值加权、分析师人数加权都是不变的。

③ 分解方法由 Liu（2011）提出。在 Liu（2011）中，他们使用上一年的股票收益来估计因子负载（Factor loadings），而参照 Muslu 等（2014）的做法使用同期收益。因为使用上一年的收益施加了一个限制，即分析师跟踪组合随时间保持不变，这将极大程度影响样本量，尤其是中国股票分析师跟踪组合变动很大。

结果报告在表 5-4 中。由于关心的自变量，共同分析师跟踪组合收益率（*Shared Analyst Port.* [-1, 1]）相对于市场收益率和行业收益率正交化处理了，只有在分析师传递了除市场（*Market Return* [-1, 1]）或行业层面（*Industry Return* [-1, 1]）信息以外的分析师跟踪组合特质信息时，才能观察到显著的 β_A 估计值。正如预计的那样，观察到评级变更附近 3 日累计收益（*Stock Return* [-1, 1]）与共同分析师组合收益率（*Shared Analyst Port.* [-1, 1]）显著正相关。系数估计值幅度约为市场收益率和行业收益率系数估计值的一半。当在模型（2）中控制 Liu 等（2019）提出 CH-4 因子模型中的规模因子（*SMB*）、价值因子（*VMG*）和异常换手率（*PMO*）因子收益率时，结果是相似的。这些结果表明分析师评级变更包含跟踪组合特质信息，验证了假说 5-1-1。

表 5-4　评级变更的短期市场反应

	(1)	(2)	(3)	(4)
	Stock Return [-1, 1]			
Shared Analyst Port. [-1, 1]	0.486*** (22.41)	0.475*** (21.67)	0.430*** (24.46)	
Inactive Shared Ana. Port. [-1, 1]			0.319*** (4.92)	
Shared Ana. Same Ind [-1, 1]				0.372*** (11.97)
Shared Ana. Dif Ind [-1, 1]				0.086*** (5.90)
Market Return [-1, 1]	1.159*** (33.10)	1.150*** (34.20)	1.165*** (34.81)	1.165*** (33.79)
Industry Return [-1, 1]	0.995*** (30.24)	0.973*** (22.30)	1.002*** (22.27)	0.994*** (25.61)
SMB		0.087 (1.03)	-0.020 (-0.21)	0.102 (1.10)
VMG		-0.002 (-0.04)	0.012 (0.37)	-0.012 (-0.31)
PMO		0.037 (0.42)	0.050 (0.57)	0.036 (0.41)
Shared Ana. = *Inact Shared Ana.*			2.78*	

续表

	(1)	(2)	(3)	(4)
	Stock Return [-1, 1]			
Same Ind = Dif Ind				75.12***
Observations	105384	105384	104498	72848
R-squared	0.306	0.307	0.309	0.304

注：括号中报告了基于公司层面和年份层面双重聚类标准误的 t 统计量。*Shared Ana.* = *Inact Shared Ana.* 报告了 *Shared Analyst Port.* [-1, 1] 与 *Inactive Shared Ana. Port.* [-1, 1] 系数相等的 *F* 统计量。*Same Ind = Dif Ind* 报告了 *Shared Ana. Same Ind* [-1, 1] 与 *Shared Ana. Dif Ind* [-1, 1] 系数相等的 F 统计量。*、**、*** 分别表示在 10%、5%、1%的显著性水平上显著。

在表 5-4 第（3）列中，进一步在模型中加入了与目标公司通过其他共同分析师关联但是不属于该活跃分析师跟踪组合内的同伴公司平均收益率（*Inactive Shared Analyst Port.* [-1, 1]）。该项吸收了同时期该目标公司及其共同分析师同伴公司共同的信息冲击。控制此项有助于将活跃分析师提供的跟踪组合特质信息分离出来。比较第（2）列和第（3）列，观察到活跃分析师跟踪的共同分析师组合平均收益率（*Shared Analyst Port.* [-1, 1]）系数估计值的幅度仅略有下降，并且比非活跃同伴公司收益率（*Inactive Shared Analyst Port.* [-1, 1]）的系数估计值更大且系数差异在 10%的显著性水平上是显著的，这表明分析师传递的跟踪组合特质信息主要集中于其跟踪组合内，*Shared Analyst Port.* [-1, 1] 与 *Stock Return* [-1, 1] 显著为正的相关性并不是来自于同期目标公司与其所有关联公司共同的信息冲击。

在表 5-4 第（4）列中，探究了跟踪组合特质信息中同行业与跨行业成分的相对比重。行业关联是分析师跟踪组合的最重要影响因素之一，行业专长是分析师盈利预测、投资评级和薪酬的最重要决定因素（Boni and Womack，2006；Brown et al.，2015）。因此预计跟踪组合特质信息中同行业成分比重更大。为了检验这一问题，将该活跃分析师跟踪的其他股票分成两组：与该目标公司属于相同行业的同伴公司（*Shared Analyst Portfolio Same Ind.*）以及属于不同行业的同伴公司（*Shared Analyst Portfolio Dif Ind.*）。将 *Shared Analyst Port.* [-1, 1] 替换成 *Shared Analyst Portfolio Same Ind* [-1, 1] 以及 *Shared Analyst Portfolio Dif Ind*

[-1, 1] 并比较两项的系数差异。回归结果报告在表5-4第（4）列中。发现两组同伴公司收益率系数估计值均在1%的显著性水平上显著为正。并且，*Shared Analyst Portfolio Same Ind* [-1, 1] 的系数估计值显著大于 *Shared Analyst Portfolio Dif Ind* [-1, 1] 的系数估计值，这符合猜想的跟踪组合特质信息中同行业成分占主导。

5.4.2 共同分析师活动与单独分析师活动的市场反应

上一节发现分析师组合中其他股票会对分析师在目标公司的活动有所反应，间接证明了分析师提供了跟踪组合特质信息。接下来，基于两只股票形成的股票对（Stock-pair）的视角直接探究分析师报告中包含的共同信息。对两只股票而言，同时跟踪这两只股票的共同分析师（Pair analyst）提供的报告中包含的两只股票共同信息会比只跟踪其中一只股票的单独分析师（Individual analyst）要更多。当分析师在其中一只股票的报告包含共同信息时，另一只股票会做出反应。因此，预计两只股票对共同分析师报告的市场反应更接近。接下来，检验这一假设是否成立。

具体地，对于一对股票，首先将 t 年的所有跟踪分析师分成两组，同时跟踪两家公司的共同分析师（Pair analyst）和只跟踪其中一家公司的单独分析师（Individual analyst）。定义分析师活动日为共同分析师或单独分析师对其中一家公司发布盈利预测或投资评级的日期①。使用活动日的股票日收益率绝对值②来衡量分析师报告包含的信息含量（Information content）。分别计算了 $Abs\ Ret_{pair,act}$、$Abs\ Ret_{pair,inact}$、$Abs\ Ret_{ind,act}$、$Abs\ Ret_{ind,inact}$，依次是活跃股票（*Active stock*）对共同分析师活动的年平均市场反应、非活跃股票（*Inactive stock*）③ 对共同分析师活动的年平均市场反应、活跃股票对单独分析师活动的年平均市场反应、非活跃股票对单独分析师活动的年平均市场反应。进一步构造了一个测度 *Dif Abs Ret*，即活跃股

① 剔除了分析师同时对两个公司发布盈利预测/投资评级的日期以及共同分析师和单独分析师对同一公司同时发布盈利预测/投资评级的日期。

② 使用公司规模匹配组调整的日收益率（Size-adjusted return）。参照 Muslu 等（2014），剔除了大于每年按规模调整后的日收益率绝对值第95百分位数的离群值。

③ 当分析师对两只股票中的一只发布报告时，这只股票称为活跃股票（Active stock），对活动日的定义限定了分析师此时对另一只股票保持沉默，另一只股票称为非活跃股票（Inactive stock）。

票和非活跃股票对共同分析师活动的年度平均市场反应之差减去活跃股票和非活跃股票对单独分析师活动的年度平均市场反应之差，见式（5-4）：

$$Dif\ Abs\ Ret=(Abs\ Ret_{pair,act}-Abs\ Ret_{pair,inact})-(Abs\ Ret_{ind,act}-Abs\ Ret_{ind,inact}) \quad (5-4)$$

预期 *Dif Abs Ret* 为负。在该测度中，两只股票对单独分析师活动的市场反应差异被用作对两家公司基本面相似性或经济相关性的控制。表 5-5 的 Panel A 报告了这四组市场反应的样本均值。发现活跃股票（*Active stock*）对单独分析师报告的市场反应更强烈，这表明单独分析师报告可能提供了更多公司特质信息；而非活跃股票（*Inactive stock*）对共同分析师报告的市场反应更强烈，这与预期一致：共同分析师报告中提供了更多两只股票共同信息，引起非活跃股票更大的市场反应。在第一列中比较了两只股票对共同分析师报告的市场反应，差异为 15 个基点，而第二列中比较两只股票对单独分析师报告的市场反应，差异为 22 个基点，两只股票对共同分析师报告市场反应更接近。在第三列中，发现 *Dif Abs Ret* 均值为-7 个基点，在 1%的显著性水平上显著小于 0。

表 5-5　共同分析师和单独分析师活动的市场反应

Panel A：日市场反应均值（%）

	Pair Analyst	*Individual Analyst*	*Dif*
Active stock	1.42***	1.48***	-0.06***
Inactive stock	1.27***	1.26***	0.01***
Dif	0.15***	0.22***	-0.07***

Panel B：共同分析师比例与市场反应差异

	(1)	(2)	(3)	(4)	(5)	(6)
	Dif Abs Ret				*Dif Abs Ret Pair*	*Dif Abs Ret Ind.*
Pair Coverage	0.004*** (5.55)	0.004*** (5.57)	0.004*** (4.88)	0.004*** (5.11)	0.001** (2.49)	-0.003*** (-5.80)
Coverage Intensity	-0.000*** (-7.83)	-0.000*** (-7.79)	-0.000*** (-7.11)	-0.000*** (-8.00)	-0.000*** (-4.03)	0.000 (1.73)
Economic Link	Yes	Yes	Yes	Yes	Yes	Yes
Index Member	Yes	Yes	Yes	Yes	Yes	Yes
Similarity	No	Yes	Yes	Yes	Yes	Yes

续表

Panel B：共同分析师比例与市场反应差异						
	(1)	(2)	(3)	(4)	(5)	(6)
	Dif Abs Ret				*Dif Abs Ret Pair*	*Dif Abs Ret Ind.*
Dif Analyst Characteristic	No	No	Yes	Yes	Yes	Yes
Pair Fund	No	No	No	Yes	Yes	Yes
Observations	795356	795356	795356	775705	775705	775705
R-squared	0.002	0.002	0.002	0.002	0.001	0.005

注：括号中报告了基于股票对层面和年份层面双重聚类标准误的t统计量。*、**、***分别表示在10%、5%、1%的显著性水平上显著。

进一步分析了 *Dif Abs Ret* 和共同分析师比例 *Pair Coverage* 之间的关系。预计 *Dif Abs Ret* 与 *Pair Coverage* 呈正相关。更大的 *Pair Coverage* 意味着分析师行业向市场提供了更多的跟踪组合特质信息，这些信息可能会被吸收到单独分析师的报告中，从而导致非活跃股票对单独分析师报告更强烈的市场反应。此外，市场上更多的跟踪组合特质信息意味着收集和产生新的跟踪组合特质信息的边际成本增加、边际收益下降。共同分析师可能会转而发掘更多公司特质的信息，以使得其研究报告与其他分析师的区分开来，从而导致两只股票对共同分析师报告市场反应差距增加。

回归结果报告在表5-5 Panel B中。在第（1）列中，在模型中包括 *Pair Coverage* 以及分析师跟踪强度（*Coverage Intensity*）、公司间经济联系（*Economic Link*）、指数成分（*Index Member*）的控制变量。*Pair Coverage* 系数估计值上显著为正。在第（2）列、第（3）列、第（4）列中依次加入了公司特征相似性（*Similarity*）、分析师特征差异（*Dif Analyst Characteristic*）以及基金共同持股（*Pair Fund*）的控制变量，结果是稳健的。基于模型（4）的回归结果，*Pair Coverage* 增加一个标准差（0.097）意味着 *Dif Abs Ret* 增加3.6个基点，为 *Dif Abs Ret* 均值的51%。

在表5-5 Panel B第（5）列和第（6）列中，分别对共同分析师和单独分析师进行检验。在第（5）列中，因变量是活跃股票与非活跃股票对共同分析师活动的市场反应差异 *Dif Abs Ret Pair*。*Pair Coverage* 系数估计值显著为正表明，随着共同分析师比例的增加，共同分析师活动引起的市场反应差异扩大，这与之前的推测一致：当发掘新的跟踪组合特质信息的边际成本较高且提供跟踪组合特质信息的边际收益较低时，共同分析师会转而提供更多公司特质信息，以满足投资者对个股信息的需求。在第（6）列中，因变量是活跃股票与非活跃股票对于单独分析师活动的市场反应差异 *Dif Abs Ret Ind.*，发现 *Dif Abs Ret Ind.* 与 *Pair Coverage* 显著负相关，可能的原因是当更多跟踪组合特质信息发布到市场后，单独分析师的报告中自然也包含更多两只股票共同信息。此外，*Pair Coverage* 对单独分析师的影响约占其对 *Dif Abs Ret* 的影响的 75%，表明 *Pair Coverage* 对 *Dif Abs Ret* 的影响主要源于单独分析师报告中增多的共同信息。

综上所述，本小节发现两只股票对共同分析师报告的市场反应更为接近，验证了假设 5-1-2，表明同时跟踪两只股票的共同分析师提供了更多两只股票共同的信息。

5.4.3 盈利预测相关性

共同分析师可能更多使用两只股票间的共同信息作为盈利预测模型的输入，因此共同分析师对两只股票的盈利预测相关性比单独分析师对两只股票的盈利预测相关性更高。为了检验这一点，首先分别构造了共同分析师对股票对中两家公司的月度一致盈利预期序列，并计算了共同分析师在两只股票的年度盈利预期相关性 *Forecast Cor Pair*；类似地计算了单独分析师的年度盈利预期相关性 *Forecast Cor Ind.*。其次构造了测度 *Dif Cor*，定义为共同分析师年度盈利预期相关性减去单独分析师年度盈利预期相关性。预计 *Dif Cor* 将是显著为正的。

表 5-6 Panel A 列出了样本按照 *Pair Coverage* 等分为十组的平均 *Dif Cor*。出乎意料的是，仅在最高的十分位数组观察到显著为正的 *Dif Cor*。第二列和第三列分别列出了共同分析师和单独分析师的盈利预期相关性均值。随着 *Pair Coverage* 的增大，单独分析师的盈利预期相关性（*Forecast Cor Ind.*）相对稳定，而共同分析师的盈利预期相关性（*Forecast Cor Pair*）则呈现大幅的增长。在最后两列中，列出了形成月度一致盈利预期序列时共同分析师（*#Pair*）和单独分析师（*#Ind.*）的平均人数。观察到共同分析师盈利预测相关性与共同分析师人数之间存在明显的同向变动趋势。在 *Pair Coverage* 较低的十分位组中，共同分析师人数

非常少，直到最高的十分位组，共同分析师人数增加至16.5，而单独分析师人数在各组都相对较多。

表 5-6 盈利预测相关性

Panel A：按照 Pair Coverage 分组的盈利预测相关性均值

Pair Coverage	*Dif Cor*（%）	*Forecast Cor Pair*	*Forecast Cor Ind.*	*#Pair*	*#Ind.*
1	−8.963	15.219	24.231	1.000	43.021
2	−8.004	13.923	21.945	1.117	44.396
3	−7.101	15.431	22.507	2.000	42.510
4	−6.558	13.941	20.488	2.000	43.640
5	−5.159	17.652	22.798	2.858	39.121
6	−4.060	17.349	21.376	3.400	38.523
7	−3.404	18.445	21.815	4.371	35.860
8	−2.141	19.634	21.749	5.725	35.568
9	0.121	22.589	22.449	8.216	35.335
10	2.627	23.374	20.728	16.524	35.650

Panel B：共同分析师比例与盈利预测误差相关性的相关系数

估计盈利预测误差相关性的最少月份	*#Stock Pair*	*Cor*（*Forecast Error Cor*, *Pair Coverage*）	*p-value*
24	350804	0.034	<0.0001
36	119148	0.045	<0.0001
48	32654	0.047	<0.0001
60	6880	0.092	<0.0001
72	1124	0.141	<0.0001

因此，共同分析师比例 *Pair Coverage* 的前九个十分位组平均 *Dif Cor* 为负可能是由于共同分析师人数很少，共同分析师发布的盈利预测数量很少，所以月度一致盈利预期随时间变化很小，这会使得相关系数估计存在向零的偏误。在结果受偏误影响较小的最高十分位组中，共同分析师对两家公司的盈利预测相关性显著高于单独分析师盈利预测相关性。

由于共同分析师盈利预期相关性估计受到严重的偏差影响，在解释 Panel A 中的结果时应保持谨慎态度，但结果表明：在有相对精确 *Dif Cor* 估计值的子样本中，共同分析师盈利预测相关性比单独分析师盈利预测相关性更高。

Israelsen（2016）认为，共同分析师还会通过增大股票间的盈利预测误差相关性（*Forecast Error Cor*）增强股价联动。分析师在对跟踪组合内多只股票生成盈利预测时可能会使用相同的模型、方法或经济变量输入，从而导致整个跟踪组合内预测误差是相关的。两只股票之间的共同分析师比例越高，两只股票盈利预测误差相关性越强。由于投资者无法正确识别盈利预测误差，投资者感受到的两只股票受到共同经济冲击影响的程度随着相关的盈利预测误差增大而增大。在表5-6 的 Panel B 中，检验了两只股票之间的盈利预测误差相关性 *Forecast Error Cor* 是否与两家公司之间共同分析师比例 *Pair Coverage* 显著正相关。

具体地，对于一个股票对，使用整个样本期内所有重叠的月度一致盈利预测误差序列来计算盈利预测误差相关性（*Forecast Error Cor*），同时使用与盈利预测误差相关性估计相同的时间段内的分析师预测记录来计算两只股票之间的共同分析师比例 *Pair Coverage*。在表 5-6 Panel B 中，在第 1 列中列出了计算一致盈利预测误差相关性时限定的最少重叠月份①，第 2 列中列出了满足第一列中最少重叠月份要求的股票对数量。在第 3 列、第 4 列中，发现 *Pair Coverage* 和盈利预测误差相关性 *Forecast Error Cor* 显著正相关，表明当更多的共同分析师同时跟踪这两只股票时，盈利预测误差相关性将更高，这与 Israelsen（2016）的观点一致。

5.4.4 关联信息扩散假说

以上三节的证据表明分析师报告包含了跟踪组合特质信息。接下来，转向关联信息扩散假说的检验。第 4 章的分析表明共同分析师同伴公司之间受到很多共同的信息冲击，共同信息在关联公司之间缓慢传播，导致了收益率的领先-滞后效应。分析师作为重要的信息中介，可以加速关联信息传递从而削弱收益率领先-滞后效应，更为关键的是，分析师受制于有限的时间、精力或利益动机，更多地关注跟踪组合内的公司，因此会更大程度上加速组合内的关联信息传递。

分析师加速组合内关联信息传递的一种途径是将组合内同伴公司过去盈利预

① 限定盈利预测误差相关性估计时的最少重叠月份以提升相关性估计的准确性。

测修正信息吸收到对目标公司未来的盈利预测中（假设 5-2-1）。为了验证这一途径，每个月先识别对目标公司更新盈利预测的分析师为活跃分析师，然后将目标公司的共同分析师同伴公司分成两组，一组属于活跃分析师跟踪组合内，另一组在活跃分析师跟踪组合外。由于活跃分析师更多地关注跟踪组合内的股票，预计活跃分析师跟踪组合内同伴公司的盈利预测修正对未来目标公司的盈利预测修正具有更强的预测能力。

在表 5-7 Panel A 第（1）列中，将目标公司下一月的盈利预测修正［*FR*(*t*+1)］对共同分析师同伴公司的盈利预测修正（*CF FR*）做 Fama-MacBeth 回归。其他控制变量包括目标公司盈利预测修正值、公司规模、盈利价格比、资产增长率、毛利润率、目标公司当月收益率和过去 12 个月的收益率（不包括当月）[①]。*CF FR* 系数估计值显著为正，表明分析师会将共同分析师同伴公司的过去盈利预测修正信息吸收到对该目标公司的盈利预测修正中。在第（2）列和第（3）列中，将共同分析师同伴公司分为两组，即活跃分析师跟踪组合内的同伴公司（*Active CF FR*）和活跃分析师跟踪组合外的同伴公司（*Inactive CF FR*），并分别测试两组同伴公司滞后的盈利预测修正对目标公司盈利预测修正的预测能力。发现目标公司盈利预测修正 *FR*（*t*+1）仅与 *Active CF FR* 显著正相关。当在第（4）列中同时加入 *Active CF FR* 和 *Inactive CF FR* 时，得到了类似的结论，*Active CF FR* 系数估计值在 1% 显著性水平上大于 *Inactive CF FR* 的系数估计值，与假设 5-2-1 一致。

表 5-7　关联信息扩散假说检验

Panel A：分析师盈利预测修正中的同伴公司过去信息				
	(1)	(2)	(3)	(4)
	FR（*t*+1）			
CF FR	0.579*** (5.62)			
Active CF FR			0.351*** (4.46)	0.358*** (4.20)

① 该回归模型与第 4 章表 4-7 是相同的。

续表

Panel A：分析师盈利预测修正中的同伴公司过去信息				
	(1)	(2)	(3)	(4)
	FR（*t*+1）			
Inactive CF FR		0.068 (0.69)		0.063 (0.71)
FR（*t*−1）	0.110 * (1.75)	0.220 ** (2.15)	0.174 ** (2.45)	0.166 ** (2.58)
Controls	Yes	Yes	Yes	Yes
Observations	80491	80491	80491	80491
R-squared	0.152	0.147	0.151	0.158
#of groups	168	168	168	168

Panel B：分析师投资评级中的同伴公司过去信息						
	(1)	(2)	(3)	(4)	(5)	(6)
	Post Rec. Return（* 100）			*Upgrade*		
Shared Analyst Portfolio		3.059 *** (12.88)	2.970 *** (7.35)		0.634 *** (3.32)	1.347 *** (4.47)
Inactive Shared Analyst Portfolio	2.533 *** (9.44)		0.123 (0.27)	0.098 (0.46)		−0.990 *** (−3.05)
Controls	Yes	Yes	Yes	Yes	Yes	Yes
Observations	420495	420495	420495	73496	73496	73496
R-squared	0.008	0.008	0.008	0.057	0.057	0.057

Panel C：分析师活动加速关联信息传递		
	(1)	(2)
	FR（*t*+1）	*Ret*（*t*+1）
Active CF FR/Ret	0.047 *** (4.50)	0.018 ** (2.02)
Inactive CF FR/Ret	0.185 *** (3.74)	0.074 *** (3.34)
Inactive−Active （*t-stat*）	0.148 ** (2.15)	0.056 ** (2.35)
Controls	Yes	Yes
Observations	146009	215898

续表

Panel C：分析师活动加速关联信息传递		
	(1)	(2)
	FR（*t*+1）	*Ret*（*t*+1）
R-squared	0.081	0.122
Number of groups	169	179

注：Panel A 和 Panel C 为 Fama-MacBeth 截面回归，括号中报告了基于滞后阶数为 4 的 Newey 和 West（1987）标准误的 t 统计量。Panel B 前三列为面板回归，后三列为 Logit 回归模型，括号中报告了基于分析师层面聚类标准误的 t 统计量。Panel C 第一列的自变量为 *Active CF FR* 与 *Inactive CF FR*，第二列的自变量为 *Active CF Ret* 与 *Inactive CF Ret*。*Inactive-Active* 报告了每月截面回归得到的 *Active CF FR/Ret* 系数估计值月度序列是否等于 *Inactive CF FR/Ret* 系数估计值月度序列的 t 检验结果。*、**、*** 分别表示在 10%、5%、1%的显著性水平上显著。

关联信息扩散假说的另一个含义是，分析师会选择在跟踪组合内有更多关联信息需要传递时对目标公司发布投资评级。此时，相比于跟踪组合以外的同伴公司，活跃分析师跟踪组合内同伴公司的滞后收益率对目标公司未来收益率具有更强的预测能力（假设 5-2-2）。为了验证这一点，将分析师投资评级变更后 30 日累计收益率（*Post Rec. Return*）对分析师跟踪组合内同伴公司过去 30 日的平均收益率（*Shared Analyst Portfolio*）以及跟踪组合外的同伴公司收益率（*Inactive Shared Analyst Portfolio*）进行回归①，同时在模型中控制公司规模、分析师跟踪人数、盈利意外、盈利价格比、异常换手率、资产增长率、毛利率、目标公司过去 30 日收益率、目标公司过去 12 个月收益率（不包括最近 30 日）、分析师跟踪行业数、分析师跟踪公司数、分析师公司特定经验、分析师从业经验、分析师是否属于顶级券商的虚拟变量。为简洁起见，控制变量的系数估计值省略不报告。

结果报告在表 5-7 Panel B 前三列中。在第（1）列和第（2）列中关心的变量分别为活跃分析师跟踪组合外同伴公司的平均收益率（*Inactive Shared Analyst Portfolio*）、跟踪组合外同伴公司的平均收益率（*Shared Analyst Portfolio*）。在单独

① 因变量为评级后 30 日累计收益率，这与 Ertimur 等（2007）投资评级营利性（Recommendation profitability）测度相似。对于买入评级，他们将评级后 30 日收益率乘以 1，对卖出评级则乘以-1。在此不关注投资评级的方向，重点是分析师发布投资评级的时点选择，因此分析师是否发布与共同分析师动量策略一致的投资评级与此处的测试无关。

的回归中，发现两者都对未来目标公司收益率具有显著的预测能力，但 *Shared Analyst Portfolio* 的系数估计值幅度更大统计显著性更高。在第（3）列中，同时包括了两项。*Inactive Shared Analyst Portfolio* 的系数估计值下降到几乎为零，并且统计显著性消失，而 *Shared Analyst Portfolio* 系数估计值的幅度几乎保持不变，在1%显著性水平上显著为正。这与假设 5-2-2 是一致的。

表 5-7 Panel B 后三列验证了假设 5-2-3，分析师会发布与跟踪组合内同伴公司过去收益率方向一致的投资评级。模型的因变量为分析师是否上调评级的虚拟变量 *Upgrade*①，因此运行 Logit 回归模型。在第（4）列和第（5）列中分别将 *Upgrade* 对 *Inactive Shared Analyst Portfolio* 以及 *Shared Analyst Portfolio* 单独回归，发现只有 *Shared Analyst Portfolio* 的系数估计值是显著为正的。在最后一个模型中，同时加入了两项，*Shared Analyst Portfolio* 的系数估计值在 1%显著性水平上显著为正，出乎意料的是，*Inactive Shared Analyst Portfolio* 系数估计值却是显著为负的，表明分析师给出了与其跟踪组合外同伴公司过去收益率相反的投资评级②。但不管怎样，结果与假设 5-2-3 是一致的，分析师投资评级与跟踪组合内同伴公司过去收益率方向一致。由于分析师报告将引发市场同向反应，方向一致的投资评级将促进关联信息吸收到目标公司股价中。

本小节目前为止的结果表明，分析师倾向于将跟踪组合内其他同伴公司的盈利预测修正信息吸收进对目标公司未来的盈利预测修正中，并且会选择在跟踪组合内存在大量关联信息需要传递时发布与同伴公司过去收益率方向一致的投资评级。与跟踪组合以外的关联信息相比，分析师活动是否能更及时地促进关联信息在跟踪组合内传播，从而削弱了跟踪组合内盈利预测修正或者收益率的领先-滞后效应。为了检验这一问题，回到上一章检验领先-滞后效应的 Fama-MacBeth 回归框架中。在上一章中，发现同伴公司滞后一个月的收益率（盈利预测修正）对目标公司未来的收益率（盈利预测修正）具有显著预测能力。本章参照 Petzev（2017）将同伴公司按照关联分析师在上月是否活跃分成两组，然后分别检验活跃

① Upgrade 定义在 121 页脚注②中。上调事件取值为 1，下调事件取值为 0。也参照 Ertimur 等（2007），定义“强买”或“买”时取值为 1，其他评级为 0，结果是一致的。

② Guo 等（2020）对美国市场上分析师预测行为的研究也发现分析师无法正确利用异象因子信号中包含的信息，例如，分析师可能在股价高估时发布“看好”评级。

分析师跟踪组合内的同伴公司组和活跃分析师跟踪组合以外的同伴公司组过去收益率（盈利预测修正）对目标公司未来收益率（盈利预测修正）的预测能力[①]。

在表 5-7 Panel C 第（1）列中，测试分析师活动对跟踪组合内盈利预测修正领先-滞后效应的影响。因变量是下个月目标公司的月度盈利预测修正［$FR(t+1)$］。关心的变量，*Active CF FR* 和 *Inactive CF FR* 分别表示活跃分析师跟踪组合内的同伴公司平均盈利预测修正和活跃分析师跟踪组合外的同伴公司的平均盈利预测修正。这两项均在 1%的显著性水平上显著为正。与分析师活动有助于更大程度地加快跟踪组合内关联信息的传播的推测一致，发现 *Active CF FR* 的预测能力显著弱于 *Inactive CF FR* 预测能力。在第（2）列中，测试分析师活动对跟踪组合内收益率领先-滞后效应的影响并得出相同的结论。

本节验证了共同分析师提供跟踪组合特质信息的假设，并发现分析师有助于加快跟踪组合内关联信息的传递。更多的跟踪组合特质信息能增强投资者感知到的公司之间受到共同经济冲击影响的程度进而增强股价联动。同时，吸收共同信息速率相似的股票股价联动性更强（Barberis 等，2005）。这为接下来检验共同分析师跟踪对股价联动的影响奠定了基础。

5.5 股价联动效应

5.5.1 共同分析师比例与股价联动效应

为了探究共同分析师跟踪与股价联动的关系，将年度收益率相关性对共同分析师比例 *Pair Coverage* 作回归，并控制了分析师跟踪强度、公司间经济联系、指数成

① Petzev（2017）研究了分析师活动对领先-滞后效应的影响，并且发现分析师活动能促进关联信息传递。而重点是，相对于跟踪组合外的关联信息，分析师活动在更大程度上加速传播跟踪组合内的关联信息。因此，在具体的两组同伴公司定义上存在区别：在 Petzev（2017）中，这两组可能重叠，换句话说，一个公司可能同时属于活跃组和非活跃组，其中一部分共同分析师为活跃分析师，而另一部分为非活跃分析师；而在定义中，两组公司是互斥的，分别为活动分析师跟踪组合内的同伴公司以及活动分析师跟踪组合外的同伴公司。

分、基本面相似性、分析师特征差异以及基金共同持股等其他股价联动的影响因素。

首先使用市场上所有股票对作为样本进行检验。具体来说，在至少有一个跟踪分析师的所有 A 股股票中，匹配任意两只股票构成所有股票对的样本。没有共同分析师跟踪的股票对的共同分析师比例 *Pair Coverage* 设置为零。结果列在表 5-8 的前两列中①。在这两列中，发现 *Pair Coverage* 系数估计显著为正。在剩余的四列中，样本限定为至少有一个共同分析师的股票对，并在不同模型中改变控制变量的组合。具体地，在第（3）列控制了跟踪强度 *Coverage Intensity*、公司间经济联系 *Economic Link* 与指数成分 *Index Member*，在第（4）列中进一步控制了公司间相似性 *Similarity*，在第（5）列中进一步控制了分析师特征差异 *Dif Analyst Characteristic*，并在第（6）列中控制了基金共同持有 *Pair Fund*。相较于前两个模型，*Pair Coverage* 的系数估计值下降了很多，但仍在 1%的显著性水平上显著为正。这初步验证了假设 5-3，共同分析师跟踪能增强股价联动。

表 5-8　共同分析师比例与收益率相关性

	(1)	(2)	(3)	(4)	(5)	(6)
	Return Correlation					
Pair Coverage	0.610*** (4.83)	0.578*** (4.54)	0.174*** (5.28)	0.159*** (5.14)	0.150*** (5.53)	0.148*** (5.92)
Coverage Intensity	−0.019*** (−5.62)	−0.018*** (−5.52)	−0.021*** (−4.40)	−0.021*** (−4.54)	−0.021*** (−4.34)	−0.023*** (−4.19)
Economic Link	Yes	Yes	Yes	Yes	Yes	Yes
Index Member	Yes	Yes	Yes	Yes	Yes	Yes
Similarity	No	Yes	No	Yes	Yes	Yes
Dif Analyst Characteristic	No	No	No	No	Yes	Yes
Pair Fund	No	No	No	No	No	Yes
Observations	40230933	40230933	1523450	1523450	1523450	1477854
R-squared	0.025	0.029	0.069	0.076	0.078	0.083

注：括号中报告了基于股票对层面和年份层面双重聚类标准误的 t 统计量。*、**、*** 分别表示在 10%、5%、1%的显著性水平上显著。

① 由于前两列的检验样本包括那些没有共同分析师的股票对，共同分析师和单独分析师之间的分析师特征差异对这些观测值无法定义，因此在前两个模型中没有控制分析师特征差异。

还发现分析师跟踪强度 *Coverage Intensity* 与股价联动显著负相关。这与以往国内文献中发现的分析师跟踪促进更多公司特质信息吸收到股价中是一致的（朱红军等，2007；任飞等，2020）。在没有报告的结果中，控制变量的系数估计值与预期基本一致。几乎所有公司间经济联系和基本面相似性的代理变量系数估计都是显著为正的。当两家公司属于同一行业或相关行业、在同一交易所上市、总部设在同一地点、技术相似性更高、同属于沪深 300 或中证 500 指数的成份股、具有相似的公司特征、基金共同持股比例较高时，股票之间的收益率相关性更强。

5.5.2 盈利预测相关性与股价联动效应

尽管已经在模型中控制了股价联动的多种影响因素，但仍然可能受到遗漏变量偏差（Omitted variable bias）的影响。可能存在一些潜在的经济联系会同时影响分析师的跟踪组合构成决策，同时还会影响股价联动，但并未被包含在模型中。

为了减缓结果来自于遗漏变量偏差的忧虑，将共同分析师比例 *Pair Coverage* 替换为共同分析师的盈利预测相关性（*Forecast Cor Pair*），并进一步将单独分析师的盈利预测相关性（*Forecast Cor Ind.*）作为公司间基本经济联系的代理变量加入模型中。单独分析师对两只股票盈利预期的相关性代表了单独分析师群体对公司间共同经济暴露的期望，因此能帮助分离出共同分析师跟踪对股价联动的影响。结果报告在表 5-9 中。与预期一致，控制住单独分析师盈利预测相关性，在所有模型的 *Forecast Cor Pair* 上均发现了显著为正的系数估计值。此外，*Forecast Cor Ind.* 也与收益率相关性正相关，表明单独分析师盈利预测相关性捕捉了公司间共性。

表 5-9 盈利预测相关性与收益率相关性

	(1)	(2)	(3)	(4)
	Return Correlation			
Forecast Cor Pair	0.010*** (4.46)	0.010*** (4.42)	0.010*** (4.50)	0.010*** (4.44)

续表

	(1)	(2)	(3)	(4)
	Return Correlation			
Forecast Cor Ind.	0.022*** (3.91)	0.022*** (3.91)	0.022*** (3.92)	0.022*** (3.91)
Coverage Intensity	−0.025*** (−4.01)	−0.025*** (−4.10)	−0.025*** (−3.97)	−0.026*** (−4.05)
Economic Link	Yes	Yes	Yes	Yes
Index Member	Yes	Yes	Yes	Yes
Similarity	No	Yes	Yes	Yes
Dif Analyst Characteristic	No	No	Yes	Yes
Pair Fund	No	No	No	Yes
Observations	416139	416139	416139	411485
R-squared	0.100	0.110	0.111	0.119

注：括号中报告了基于股票对层面和年份层面双重聚类标准误的 t 统计量。*、**、*** 分别表示在 10%、5%、1%的显著性水平上显著。

5.5.3 超额联动效应

在上文中使用原始收益率（Raw return）计算股价联动，而在本小节探究共同分析师跟踪与超额联动（Excess comovement）的关系。超额联动定义为去除收益率中能被实证资产定价模型解释部分以外的残差收益率的相关性。上文探究的股价联动也可能源于两只股票对系统性风险因子（Systematic risks）的共同暴露。使用超额联动作为因变量，检验在去除原始收益率中系统性风险因子相关部分后，股价联动和共同分析师跟踪之间是否依然存在显著的正相关关系。具体地，为了估计超额联动，首先，使用 Liu 等（2019）提出的 CH-4 模型和上一年度的日个股和因子收益率序列来估计个股日收益率相对于系统性风险因子的因子载荷（Factor loadings）。其次，从本年度个股日收益率中减去资产定价模型的预测收益率来获得残差收益率。资产定价模型的预测收益率是同期因子日收益率乘以使用上一年度数据估计得到的因子载荷。超额联动估计值为两只股票的日残差收益率的年度相关性。

在表5-10 Panel A中，将超额联动对共同分析师比例 *Pair Coverage* 进行回归，而在Panel B中，将超额联动对共同分析师盈利预测相关性 *Forecast Cor Pair* 进行回归。在所有列中，均发现关心的变量系数估计值在1%的显著性水平上为正，表明先前的结果并不来自两只股票对系统性风险因子的共同暴露。

表5-10 超额联动

Panel A：共同分析师比例与超额联动				
	(1)	(2)	(3)	(4)
	Excess Comovement			
Pair Coverage	0.243*** (11.16)	0.232*** (19.36)	0.233*** (18.68)	0.233*** (18.68)
Coverage Intensity	-0.015*** (-3.91)	0.002* (1.96)	0.002* (1.90)	0.002* (1.90)
Economic Link	Yes	Yes	Yes	Yes
Index Member	Yes	Yes	Yes	Yes
Similarity	No	Yes	Yes	Yes
Dif Analyst Characteristic	No	No	Yes	Yes
Observations	1201260	1201260	1201260	1201260
R-squared	0.171	0.167	0.164	0.164
Panel B：盈利预测相关性与超额联动				
	(1)	(2)	(3)	(4)
	Excess Comovement			
Forecast Cor Pair	0.007*** (9.49)	0.005*** (5.09)	0.005*** (4.89)	0.005*** (4.89)
Forecast Cor Ind.	0.013*** (7.54)	0.005*** (3.85)	0.006*** (3.15)	0.006*** (3.15)
Coverage Intensity	-0.019*** (-4.66)	-0.005** (-2.75)	-0.005** (-2.64)	-0.005** (-2.64)
Economic Link	Yes	Yes	Yes	Yes
Index Member	Yes	Yes	Yes	Yes
Similarity	No	Yes	Yes	Yes
Dif Analyst Characteristic	No	No	Yes	Yes

续表

Panel B：盈利预测相关性与超额联动				
	(1)	(2)	(3)	(4)
	Excess Comovement			
Pair Fund	No	No	No	Yes
Observations	352472	352472	352472	352472
R-squared	0.200	0.199	0.195	0.195

注：括号中报告了基于股票对层面和年份层面双重聚类标准误的 t 统计量。*、**、***分别表示在10%、5%、1%的显著性水平上显著。

5.5.4 股价同步性

跟踪组合特质信息溢出假说的第一个检验发现分析师跟踪组合中其他公司股价会对分析师在目标公司的报告做出反应，其他同伴公司收益率与目标公司收益率在分析师评级变更日显著正相关。预期全年股票收益率与同伴公司收益率也是显著正相关的。分析师报告可能对跟踪组合中其他股票收益率存在长期影响，如股价漂移现象；除了发布研究报告，分析师还可以通过私下交流的方式增强投资者感知到的两只股票受到共同冲击程度以及加速跟踪组合内关联信息传递，进而增强股价联动。

检验方法与表5-4中的方法相同。将每日收益率对同期的市场收益（*Market Return*）、正交化的行业收益（*Industry Return*）和正交化的共同分析师跟踪组合收益率（*Shared Analyst Portfolio*）进行回归。结果报告在表5-11 Panel A第（1）列中。与预期一致，共同分析师跟踪组合收益率（*Shared Analyst Portfolio*）系数估计值显著为正。*Shared Analyst Portfolio*一个标准差的增加意味着目标公司收益率增加25个基点，相当于*Ind Port* 36%的效果。在第（2）列中，将共同分析师同伴公司分成同行业组（*Shared Analyst Portfolio Same Ind.*）和不同行业组（*Shared Analyst Portfolio Dif Ind.*）。两组同伴公司的平均收益率都对市场收益率和行业收益率正交处理。结果表明，两组同伴公司的平均收益率系数估计值都是显著为正的，并且*Shared Analyst Portfolio Same Ind.*的系数估计值在统计意义上显著大于*Shared Analyst Portfolio Dif Ind.*的系数估计值，表明分析师报告中提供了更多同行业同伴公司共同信息。

表 5-11 股价同步性

Panel A：共同分析师同伴公司全年收益率的相关性		
	(1)	(2)
	Ret	
Shared Analyst Portfolio	0.455*** (14.49)	
Shared Analyst Portfolio Same Ind.		0.343*** (17.75)
Shared Analyst Portfolio Dif Ind.		0.127*** (6.43)
Market Return	1.148*** (36.69)	1.144*** (36.98)
Industry Return	0.760*** (25.33)	0.754*** (26.11)
SMB	0.310*** (11.98)	0.321*** (12.33)
VMG	−0.068*** (−3.44)	−0.080*** (−4.00)
PMO	0.027 (1.18)	0.025 (1.03)
Constant	−0.000 (−0.10)	0.000 (0.31)
Observations	4952033	4952033
R-squared	0.429	0.430

Panel B：股价同步性增量与共同分析师跟踪		
	(1)	(2)
	Inc. Sync	
Agg. Pair Coverage	0.002*** (3.37)	0.003*** (3.68)
Firm Controls	Yes	Yes
Agg. Economic Link.	No	Yes
Agg. Index Member	No	Yes
Agg. Similarity	No	Yes

续表

Panel B：股价同步性增量与共同分析师跟踪		
	(1)	(2)
	Inc. Sync	
Agg. Diff Analyst Characteristic	No	Yes
Observations	19867	19867
R-squared	0. 172	0. 185

注：括号中报告了基于公司层面和年份层面双重聚类标准误的 t 统计量。*、**、***分别表示在10%、5%、1%的显著性水平上显著。

在表 5-11 Panel B 中，参照 Muslu 等（2014），分析了个股收益率与共同分析师同伴公司收益率的同步性。具体而言，首先，将本年度每周收益率对同期市场收益和行业收益回归作为基本模型（5-5）并获得 R^2（Morck et al.，2000；Chan and Hameed，2006）。其次，估计扩展模型（5-6），该模型在基本模型中加入共同分析师组合收益率，并获得扩展模型 R^2：

$$R_{n,t}=\alpha_n+\beta_{n,1}^{M}R_M^t+\beta_{n,1}^{I}R_I^t+Ind\ FEs+Year\ FEs+\varepsilon_{n,t} \tag{5-5}$$

$$R_{n,t}=\alpha_n+\beta_n^{M}R_M^t+\beta_n^{I}R_I^t+\beta_n^{S}R_S^t+Ind\ FEs+Year\ FEs+\varepsilon_{n,t} \tag{5-6}$$

其中，$R_{n,t}$ 是个股公司的周收益率。R_M^t、R_I^t、R_S^t 分别是同时期的市场收益、行业收益以及共同分析师组合收益率。从基准式（5-5）估计的 R^2 被表示为 R_{basic}^2，而估计自扩展式（5-6）的 R^2 被表示为 R_{aug}^2。根据文献，使用 R^2 的对数变换形式 $Sync_{basic}$ 和 $Sync_{aug}$，并定义股价同步性的增加量为 $Sync_{basic}$ 和 $Sync_{aug}$ 之差：

$$Sync_{basic}=\log\left(\frac{R_{basic}^2}{1-R_{basic}^2}\right) \tag{5-7}$$

$$Sync_{aug}=\log\left(\frac{R_{aug}^2}{1-R_{aug}^2}\right) \tag{5-8}$$

$$Inc.\ Sync=Sync_{aug}-Sync_{basic} \tag{5-9}$$

预期从基准模型到扩展模型 R^2 会增加。并且，随着目标公司与同伴公司的加总共同分析师比例（*Agg. Pair Coverage*）① 增加，更多的同伴公司间关联信息被吸收进股价中、分析师更大程度加速传递组合内关联信息，R^2 的增加量也会增加。因此，预计 *Agg. Pair Coverage* 与 *Inc. Sync* 显著正相关。

为了检验这一点，将股价同步性增量 *Inc. Sync* 对 *Agg. Pair Coverage* 进行回归。回归样本为公司—年层面观测值。在第一个模型中，加入了公司特征控制变量，包括跟踪分析师人数、总资产、账面市值比、杠杆率、资产收益率、交易量、最大股东持股比例、是否为国有企业，并为了简洁起见省略控制变量的结果报告②。在表 5-11 Panel B 第（2）列中，进一步控制了目标公司与同伴公司的加总经济关联 *Agg. Economic Link*、指数成份股 *Agg. Index Member*、公司相似性 *Agg. Similarity*、分析师特征差异 *Agg. Diff Analyst Characteristic* 等控制变量。与预期一致，发现 *Agg. Pair Coverage* 的系数估计显著为正。结果表明，共同分析师跟踪增强了目标公司与共同分析师同伴公司之间的股价联动。

5.5.5 基于指数调整的外生冲击

如第 3 章所述，分析师倾向于跟踪经济关联和基本面相似的公司，而这些股票的股价联动性和盈利预测相关性也更高。因此，在检验共同分析师跟踪与股价联动的关系时需要控制股票之间的经济联系与基本面相似性。除了在模型中加入了大量经济联系与基本面相似性的代理变量，还使用单独分析师盈利预测相关性作为控制变量以分离共同分析师跟踪对股价联动的影响。同时，对两种影响途径的验证也让结果更加可信。本小节将利用沪深 300 指数调整事件对新调入股票和其他指数成份股之间的共同分析师人数的外生冲击来检验共同分析师跟踪变化对股价联动的影响。

首先，识别了在每半年指数调整中被调入沪深 300 指数的一组公司。其次，匹配新调入公司和指数的现有成份股形成股票对。*Dif Pair Coverage* 是指调整前

① 表 5-11 Panel B 中，样本观测值为公司-年层面。而按照定义，*Pair Coverage* 为股票对（两只股票）层面。因此，对该年所有同伴公司与该目标公司的 *Pair Coverage* 加总得到 *Agg. Pair Coverage*。类似的方法，将所有股票对的特征通过加总方式定义了 *Agg. Economic Link*、*Agg. Index Member*、*Agg. Similarity*、*Agg. Dif Analyst Characteristic*.

② 对跟踪分析师人数、总资产、交易量取自然对数。

后 *Pair Coverage* 的增量①。收益率相关性是使用同期个股收益率来衡量的。将收益率相关性的前后变化对 *Dif Pair Coverage* 进行回归，以检验 *Dif Pair Coverage* 的变化是否与收益率相关性的增加呈正相关。

结果报告在表 5-12 中。四个模型中的因变量分别为使用原始收益计算的收益率相关性以及 CAPM 模型、CH-3 模型和 CH-4 模型估计的残差收益率计算的收益率相关性。模型控制了基金共同持股比例的变化。所有模型中，*Dif Pair Coverage* 的系数估计值在 1%的显著性水平上显著为正。利用沪深 300 指数的调整作为外生冲击，一定程度上减缓了内生性忧虑。

表 5-12 沪深 300 指数调整

	(1)	(2)	(3)	(4)
	Dif Cor			
Dif Pair Coverage	0.091*** (2.80)	0.091*** (2.61)	0.104*** (3.08)	0.098*** (2.90)
Dif Pair Fund	−0.025 (−1.27)	0.114*** (5.61)	0.076*** (3.84)	0.017 (0.85)
Constant	0.049*** (71.37)	0.009*** (12.78)	0.012*** (16.29)	0.010*** (14.48)
Observations	37509	35189	35189	35189
R-squared	0.609	0.055	0.029	0.025
Time FEs	Yes	Yes	Yes	Yes

5.5.6 稳健性检验

在主要结果中，共同分析师比例 *Pair Coverage* 定义为两只股票之间的共同分析师人数除以两只股票的所有跟踪分析师人数。在未报告的稳健性检查中，参照 Israelsen（2016），使用两家公司跟踪分析师人数的几何平均值作为分母来定义共同分析师比例：

① 为了减少分析师人数在指数调整前就已经开始变化的影响，测量调整前 *Pair Coverage* 以及收益率相关性时使用的是调整前 12 个月到过去 7 个月的窗口，而调整后测量窗口为调整后 6 个月的时间。

$$Pair\ Coverage = \frac{N_{ij}}{\sqrt{N_i N_j}} \tag{5-10}$$

并发现结果是稳健的。

Pearson 相关系数取值为-1~1，而回归方程中的误差项取值在-∞到+∞之间。参照 Box（2018），对收益率相关系数估计进行 Fisher Z 变化作为因变量：

$$z_{ij} = \frac{1}{2}\log\left(\frac{1+\rho_{ij}}{1-\rho_{ij}}\right) \tag{5-11}$$

结论是不变的。

5.6 本章小结

本章从共同分析师跟踪的视角探究了股价联动效应。本章突出了分析师的信息中介作用，不同于以往的研究多从单个公司的视角关注分析师的信息中介作用，本章从关联公司之间共同信息的产生和传递视角展开讨论。第 3 章认为分析师倾向于跟踪经济关联公司的动机在于利用共同信息同时对多只股票进行盈利预测，与此一致，在本章中发现分析师报告中包含跟踪组合特质信息。跟踪组合特质信息强调分析师跟踪的多只股票的共性，能用来对多只股票进行盈利预测，满足多只股票上投资者对分析师研究服务的需求。具体地，发现：①分析师跟踪组合中的其他股票会对分析师在目标公司发布的研究报告做出反应。②两只股票对共同分析师报告的市场反应比对单独分析师报告市场反应更接近。③共同分析师对两只股票的盈利预测相关性要高于单独分析师。④共同分析师比例越高，分析师对两只股票的一致盈利预测误差相关性越高。共同分析师提供的跟踪组合特质信息能增强投资者感知到的两只股票受到共同经济冲击影响的程度，进而增强股价联动性。还验证了共同分析师跟踪影响股价联动的另一途径，分析师会更大程度上加速跟踪组合内共同信息传递。如在第 4 章所述，共同分析师同伴公司之间存在关联信息的缓慢传递，导致了收益率的领先-滞后效应。分析师作为重要的信息中介，可以帮助传递关联信息。由于有限的时间、精力或利益动机，分析师会更大程度地加速其跟踪组合内的关联信息的传递，而 Barberis 等（2005）指出对共同信息吸收速率相近的股票股价联动效应更强。基于此，提出了关联信息扩散假说：相较于跟踪组合外的关联信息，分析师会在更大程度上加速跟踪组合内的关联信息传递，因此共同分析师跟踪将增强股价联动效应。⑤活跃分析师跟踪组合内同伴公司的过去盈利预测修正对目标公司未来盈利预测修正具有更强的预测能力。⑥分析师会在跟踪组合内有大量关联信息需要传递时发布与组合内同伴公司过去收益率方向一致的投资评级。⑦分析师活动会加速组合内共同信息传递从而削弱盈利预测修正和收益率的领先-滞后效应。验证了跟踪组合特质信息溢出假说和关联信息扩散假说后，探究了共同分析师跟踪与股价联动的关系。⑧共同分析师跟踪能增强股价联动和超额联动。⑨指数调整前后收益率相关性变化与指数调整前后共同分析师比例变化显著正相关。

本章发现 A 股市场上共同分析师跟踪能增强股价联动，补充了关于股价联动影响因素的国内文献。以往文献讨论分析师对股价联动影响时，是从分析师提供了更多公司特质信息还是市场和行业层面信息的角度。更多市场和行业层面信息将使得个股收益率与市场收益率联动性更强；而本书是从共同分析师跟踪的两只股票之间共同信息的视角，发现分析师报告中提供了跟踪组合特质信息。本章除了验证 Muslu 等（2014）的跟踪组合特质信息溢出假说在 A 股市场是否适用，还提出并检验了关联信息扩散假说，检验结果为 Parsons 等（2020）认为股票是否能及时对共同信息冲击做出反应，取决于与同伴公司共有的分析师人数。

6 研究结论、启示与展望

6.1 研究结论

本书基于分析师倾向于跟踪存在经济联系的公司，利用共同分析师跟踪识别了同伴公司，并发现了 A 股市场上共同分析师同伴公司之间的收益率领先-滞后效应。本书对收益率领先-滞后效应的形成机制进行了深入探讨，结果表明关联信息的缓慢传递导致了收益率领先-滞后效应，而复杂的信息处理任务、投资者有限注意和分析师缓慢信息更新会加重关联信息的缓慢传递。本书还从分析师在关联公司之间产生与传递共同信息的信息中介角色这一视角探究了另一种股票间收益率现象，股价联动效应。本书验证了两种共同分析师跟踪影响股价联动的途径，发现分析师会提供跟踪组合特质信息，以利用共同信息同时满足多只股票上的投资者需求，这与分析师倾向于跟踪经济关联公司的利益动机是一致的。此外，分析师会在更大程度上加速跟踪组合内共同信息传递。分析师提供的跟踪组合特质信息会增强投资者感知到的股票之间受到共同信息冲击影响的程度，同时分析师对跟踪组合内关联信息传递的加速作用使得组合内股票对共同信息吸收速率趋同，通过这两种途径，共同分析师跟踪能增强股价联动效应。具体而言，本书的主要研究结论如下：

第 3 章为后续实证章节的基础，从公司之间技术相似性角度探究了公司间经济联系对分析师跟踪组合构成决策的影响，并比较了共同分析师同伴公司与行业同伴公司同质性差异。研究发现：①当目标公司与分析师跟踪组合中其他公司技术更相近时，分析师持续跟踪（Continue coverage）、首次跟踪（Initial coverage）、以及在公司 IPO 以后跟踪（IPO coverage）的可能性更高，并且会提供更及时的研究报告；②技术相似性对分析师跟踪组合构成决策的影响不局限于同一行业内，跨行业的技术相似性也会影响分析师跟踪决策；③与证监会行业分类方法、申万行业分类方法识别的同伴公司相比，共同分析师跟踪方法识别的同伴公司同质性较高。本章结果表明分析师在考虑跟踪组合构成时，不仅会考虑以往大多文献中关注的公司个体特征，而且会考虑跟踪组合内公司之间的基本面相似性和经济联系，还会考虑跨行业的经济联系。本章还对比了共同分析师跟踪方法与证监会行业分类方法、申万行业分类方法识别的同伴公司同质性差异，并发现共同分析师跟踪方法是一种较好的识别同伴公司的方法。

在此基础上，第 4 章探究了共同分析师同伴公司之间的收益率领先-滞后效应。关联公司之间受到共同信息冲击，但共同信息吸收进关联公司股价中并不是同时的，领先公司收益率对滞后公司收益率具有预测能力，即领先-滞后效应。由于分析师倾向于跟踪经济关联的公司，共同分析师同伴公司之间存在收益率领先-滞后效应。本章有如下发现：①共同分析师同伴公司收益率对目标公司未来收益率具有显著的预测能力，做多共同分析师同伴公司收益率高的股票、做空共同分析师同伴公司收益率低的股票构建的多空组合能产生显著的月度超额收益；②共同分析师领先-滞后效应不同于行业、地理、技术、客户行业、供应商行业领先-滞后效应，也无法用其他几个横截面收益率决定因素解释，共同分析师识别了多种经济联系，不限于行业、地理和技术联系；③信息处理任务越复杂，共同分析师领先-滞后效应越强；④投资者有限注意、分析师缓慢信息更新会加重关联信息的滞后传递；⑤机构投资者会同时交易关联公司以利用其掌握的公司间共同信息，基金共同持股能加速信息传递；⑥共同分析师同伴公司收益率包含目标公司未来基本面信息，投资者对同伴公司的有形信息反应更快，而对收益率中的无形信息反应存在滞后，共同分析师领先-滞后效应是由于关联信息的缓慢传递所致；⑦共同分析师动量效应在盈利公告日更强。

第 5 章继续从共同分析师跟踪这一视角，探究了另一只股票收益率现象，股价联动效应。本章从关联公司之间共同信息产生和传递视角展开讨论，突出了分析师的信息中介角色。第 3 章认为分析师跟踪经济关联公司的动机在于能利用关联公司间的共同信息共同满足多只股票上的投资者需求，而第 5 章则直接探究了分析师报告中是否包含了跟踪组合特质信息，即本章的跟踪组合特质信息溢出假说。同时，共同分析师同伴公司之间存在关联信息的滞后传递，分析师会利用同伴公司的过去信息作为对目标公司盈利预测或投资评级的模型输入，从而加速关联信息传递，而分析师受制于有限的时间、精力、利益动机等，更多关注跟踪组合内的股票，因此在更大程度上加速了跟踪组合内的共同信息传递，即本章的关联信息扩散假说，这又与第 4 章的领先-滞后效应相关联。通过这两种途径，共同分析师跟踪能增强股价联动。

具体而言，第 5 章发现：①分析师跟踪组合中的其他股票会对分析师在目标公司发布的研究报告做出反应。②两只股票对共同分析师报告的市场反应比对单独分析师报告市场反应更接近。③共同分析师对两只股票的盈利预测相关性要高于单独分析师。④共同分析师比例越高，分析师对两只股票的一致盈利预测误差相关性越高。共同分析师提供的跟踪组合特质信息能增强投资者感知到的两只股票受到共同经济冲击影响的程度，进而增强股价联动性。⑤活跃分析师跟踪组合内同伴公司的过去盈利预测修正对目标公司未来盈利预测修正具有更强的预测能力。⑥分析师会在跟踪组合内有大量关联信息需要传递时发布与组合内同伴公司过去收益率方向一致的投资评级。⑦分析师活动会加速组合内共同信息传递从而削弱盈利预测修正和收益率的领先-滞后效应。⑧共同分析师跟踪能增强股价联动和超额联动。⑨指数调整前后收益率相关性变化与指数调整前后共同分析师比例变化显著正相关。

总之，本书基于共同分析师跟踪这一视角，探究了 A 股市场上的收益率领先-滞后效应与股价联动效应，这两只股票间收益率现象的背后是关联公司间共同信息的产生和传递过程。本书补充了 A 股市场上收益率领先-滞后效应以及股价联动效应影响因素的证据。本书为关于股票分析师的国内研究补充了一个新的视角，即分析师跟踪组合构成视角。对分析师跟踪组合构成决策以及分析师在关联公司之间产生与传递共同信息功能的研究丰富了关于分析师信息中介角色的研究。

6.2 启示

对于监管者而言，除了制定和维护行业分类体系，还应尝试推出基于其他维度经济联系的关联公司识别方法、制定和完善相关的公司信息披露规范、积极引导公司披露相关信息。经济体中公司之间存在着错综复杂的联系，并不局限于行业联系。同伴公司识别对于投资估值、公司决策制定、公司表现评估等都有重要意义。目前投资者可用的同伴公司识别方法主要为行业分类方法，可用的数据也比较有限，从而无法及时观察到其他维度关联公司的信息，可能加重关联信息的缓慢传递，推出基于其他维度经济联系的关联公司识别方法或者引导上市公司披露相关信息有助于提升市场信息效率。

对分析师而言，应该提升其业务素质和专业水平，及时充分地在关联公司之间传递信息。本书的结果表明，尽管分析师能识别关联公司，但是分析师的盈利预测修正等行为仍然存在滞后性，无法及时充分地在关联公司间传递信息，这可能是由于分析师有限的时间、精力或者受到利益动机影响所致。A 股市场上个人投资者居多的现状更加依赖分析师发挥好信息中介作用。

对投资者而言，显著的领先-滞后效应意味着利用关联公司的共同信息可能是一种可以获利的投资策略，投资者在对目标公司制定投资决策时应关注多个维度经济关联公司的信息。本书发现信息处理能力更强的机构投资者会同时交易关联公司以利用其获取的共同信息。个人投资者受到更多的有限注意等偏差，无法及时充分地将关联信息吸收到交易决策中。对于个人投资者而言，把资产交给机构投资者管理或许能避免这种信息劣势。

对研究者而言，本书的结果表明：A 股市场上存在多种显著的领先-滞后效应，需要控制 A 股市场上领先-滞后效应的研究者应该优先选择控制共同分析师领先-滞后效应；从分析师跟踪组合构成决策角度研究分析师行为是一个可行的视角。

6.3 研究展望

在本书的基础上，未来可能还存在如下研究方向：

（1）本书选取了技术相似性这一维度探究公司间经济联系对分析师跟踪组合构成决策的影响。公司间存在着多种其他维度经济联系，如供应链联系。受限于数据不可得目前没有使用这些维度。未来应该尝试使用爬虫等方式获取公司之间其他维度经济联系数据，更系统地研究公司间经济联系对分析师跟踪组合构成决策以及预测表现的影响，以更全面理解分析师跟踪行为。

（2）本书只比较了共同分析师方法与两种常用的行业分类方法识别同伴公司的同质性表现。在未来，还应该与其他同伴公司识别方法对比，比如基于公司产品市场相似性（Hoberg and Phillips，2010，2016，2018）或者投资者网络搜索数据的方法（Lee et al.，2015，2016），深入分析各种方法的表现优劣、适用条件等。

（3）发现共同分析师跟踪会增强股价联动，共同分析师跟踪对股价联动的影响可能在不同时期、不同市场状态、不同分析师特征、公司特征时有所变化。未来应该就影响因素进行更深入讨论，加深对共同分析师跟踪增强股价联动机制的理解。

（4）第 4 章的研究重点是共同分析师领先-滞后效益，本书并对其他收益率领先-滞后效应进行深入的分析。对其他维度收益率领先-滞后效应的分析能加深对背后机制以及公司间共同信息传递特征的理解。

（5）利用共同分析师跟踪识别同伴公司并探究公司决策中的同伴效应是一个可能的研究话题。尽管第 3 章研究了共同分析师同伴公司在收益率、估值比率、财务指标的同质性，但尚未讨论公司行为的同伴效应。以往关于公司同伴效应的研究大多关注行业同伴和地理同伴，研究表明，共同分析师同伴识别了其他维度的经济联系，因此研究共同分析师关联公司决策行为的同伴效应或许能是有趣的发现。

参考文献

［1］白晓宇，钟震，宋常．分析师盈利预测之于股价的影响研究［J］．审计研究，2007（1）：91-96.

［2］蔡卫星，曾诚．公司多元化对证券分析师关注度的影响——基于证券分析师决策行为视角的经验分析［J］．南开管理评论，2010，13（4）：125-133.

［3］丁亮，孙慧．中国股市股票推荐效应研究［J］．管理世界，2001（5）：111-116.

［4］董大勇，刘海斌，胡杨，张尉．股东联结网络影响股价联动关系吗？［J］．管理工程学报，2013，27（3）：20-26.

［5］董望，陈俊，陈汉文．内部控制质量影响了分析师行为吗？——来自中国证券市场的经验证据［J］．金融研究，2017（12）：191-206.

［6］杜敏杰，林寅．行业动量赢利性分析［J］．经济与管理研究，2005（1）：45-48.

［7］樊澎涛，张宗益．行业动量交易策略研究［J］．统计与决策，2006（22）：102-104.

［8］方军雄，伍琼，傅颀．有限注意力、竞争性信息与分析师评级报告市场反应［J］．金融研究，2018（7）：193-206.

［9］冯旭南，李心愉．中国证券分析师能反映公司特质信息吗？——基于股价波动同步性和分析师跟进的证据［J］．经济科学，2011（4）：99-106.

［10］冯旭南，李心愉．终极所有权、机构持股与分析师跟进［J］．投资研究，2013，32（2）：108-121.

［11］冯旭南，徐宗宇．分析师、信息传播与股价联动：基于中国股市信息

溢出的研究［J］. 管理工程学报，2014，28（4）：75-81.

［12］傅超，杨曾，傅代国．“同伴效应”影响了企业的并购商誉吗？——基于我国创业板高溢价并购的经验证据［J］. 中国软科学，2015（11）：94-108.

［13］高秋明，胡聪慧，燕翔．中国A股市场动量效应的特征和形成机理研究［J］. 财经研究，2014，40（2）：97-107.

［14］黄宇虹．证券分析师预测与价格发现［J］. 投资研究，2013，32（2）：40-60.

［15］李广子，唐国正，刘力．股票名称与股票价格非理性联动——中国A股市场的研究［J］. 管理世界，2011（1）：40-51+187-188.

［16］李佳宁，钟田丽．企业投资决策同伴效应及其特征的实证检验——基于中国上市公司的面板数据［J］. 中国管理科学，2019，27（12）：22-31.

［17］李佳宁，钟田丽．企业投资决策趋同：“羊群效应”抑或“同伴效应”？——来自中国非金融上市公司的面板数据［J］. 中国软科学，2020（1）：128-142.

［18］李建强．高管变更与证券分析师跟踪关系研究［J］. 财会通讯，2015（3）：34-38.

［19］李丽青．《新财富》评选的最佳分析师可信吗？——基于盈利预测准确度和预测修正市场反应的经验证据［J］. 投资研究，2012，31（7）：54-64.

［20］李勇，王莉，王满仓．明星分析师的推荐评级更具价值吗？——基于媒体关注的视角［J］. 投资研究，2015，34（5）：143-160.

［21］林翔．对中国证券咨询机构预测的分析［J］. 经济研究，2000（2）：56-65.

［22］林小驰，欧阳婧，岳衡．谁吸引了海外证券分析师的关注［J］. 金融研究，2007（1）：84-98.

［23］刘博，皮天雷．惯性策略和反转策略：来自中国沪深A股市场的新证据［J］. 金融研究，2007（8）：154-166.

［24］刘永泽，高嵩．信息披露质量、分析师行业专长与预测准确性——来自我国深市A股的经验证据［J］. 会计研究，2014（12）：60-65+96.

［25］刘永泽，高嵩．证券分析师行业专长、预测准确性与市场反应［J］.

经济管理，2015（6）：87-97.

［26］刘煜辉，熊鹏．中国市场中股票间领先-滞后关系的规模与交易量效应［J］．世界经济，2004（8）：50-59.

［27］鲁臻，邹恒甫．中国股市的惯性与反转效应研究［J］．经济研究，2007（9）：145-155.

［28］陆蓉，常维．近墨者黑：上市公司违规行为的“同群效应”［J］．金融研究，2018（8）：172-189.

［29］陆贤伟，王建琼，董大勇．董事联结影响股价联动：关联分类还是资源价值？［J］．证券市场导报，2013（10）：47-54.

［30］罗棪心，麻志明，伍利娜．关联交易方信息溢出效应对分析师的影响［J］．会计研究，2020（3）：46-53.

［31］马超群，张浩．不同交易量股票价格的信息调整速度差异研究［J］．中国管理科学，2005（5）：20-24.

［32］马黎珺，伊志宏，张澈．廉价交谈还是言之有据？——分析师报告文本的信息含量研究［J］．管理世界，2019，35（7）：182-200.

［33］马丽莎，王建琼，董大勇，钟勇．交叉持股关系影响股价联动吗［J］．财贸经济，2014（4）：59-68.

［34］潘莉，徐建国．A 股个股回报率的惯性与反转［J］．金融研究，2011（1）：149-166.

［35］彭韶兵，王昱升，高洁．稳健的证券分析师的市场反应及其行为动机［J］．投资研究，2014，33（2）：104-119.

［36］任飞，罗靖怡，陈张杭健，熊熊，李世炳．分析师深度研究报告向市场传递的信息含量——基于“新”、“旧”信息的文本分解［J］．系统工程理论与实践，2020，40（12）：3034-3058.

［37］宋逢明，唐俊．个股的信息来源与龙头股效应［J］．金融研究，2002（6）：1-11.

［38］唐雪松，蒋心怡，雷啸．会计信息可比性与高管薪酬契约有效性［J］．会计研究，2019（1）：37-44.

［39］万良勇，梁婵娟，饶静．上市公司并购决策的行业同群效应研究

[J]. 南开管理评论，2016，19（3）：40-50.

[40] 汪弘，罗党论，林东杰．行业分析师的研究报告对投资决策有用吗？——来自中国A股上市公司的经验证据 [J]. 证券市场导报，2013（7）：36-43.

[41] 王磊，张鹏程，张顺明．上市公司现金股利政策的同伴效应研究 [J]. 系统工程理论与实践，2021，41（1）：1-14.

[42] 王永宏，赵学军．中国股市“惯性策略”和“反转策略”的实证分析 [J]. 经济研究，2001（6）：56-61+89.

[43] 王宇超，肖斌卿，李心丹．分析师跟进的决定因素——来自中国证券市场的证据 [J]. 南方经济，2012（10）：88-101.

[44] 王宇熹，洪剑峭，肖峻．顶级券商的明星分析师荐股评级更有价值么？——基于券商声誉、分析师声誉的实证研究 [J]. 管理工程学报，2012，26（3）：197-206.

[45] 王玉涛，宋云玲．管理层业绩预告乐观偏差、分析师预测修正与市场反应 [J]. 中国会计评论，2018，16（1）：53-72.

[46] 吴武清，赵越，闫嘉文，汪寿阳．分析师文本语调会影响股价同步性吗？——基于利益相关者行为的中介效应检验 [J]. 管理科学学报，2020，23（9）：108-126.

[47] 杨有红，闫珍丽．其他综合收益及其列报改进是否提高了盈余透明度？——分析师行为及股价同步性的证据 [J]. 会计研究，2018（4）：20-27.

[48] 伊志宏，江轩宇．明星VS非明星：分析师评级调整与信息属性 [J]. 经济理论与经济管理，2013（10）：93-108.

[49] 伊志宏，李颖，江轩宇．女性分析师关注与股价同步性 [J]. 金融研究，2015（11）：175-189.

[50] 易志高，李心丹，潘子成，茅宁．公司高管减持同伴效应与股价崩盘风险研究 [J]. 经济研究，2019，54（11）：54-70.

[51] 张东旭，徐经长．同伴效应在企业年金缴费中的影响分析——来自A股上市公司的经验证据 [J]. 证券市场导报，2017（2）：21-27.

[52] 张然，汪荣飞，王胜华．分析师修正信息、基本面分析与未来股票收

益［J］. 金融研究，2017（7）：156-174.

［53］张宗新，杨万成．声誉模式抑或信息模式：中国证券分析师如何影响市场？［J］. 经济研究，2016，51（9）：104-117.

［54］钟田丽，张天宇．我国企业资本结构决策行为的“同伴效应”——来自深沪两市A股上市公司面板数据的实证检验［J］. 南开管理评论，2017，20（2）：58-70.

［55］周铭山，林靖，许年行．分析师跟踪与股价同步性——基于过度反应视角的证据［J］. 管理科学学报，2016，19（6）：49-73.

［56］朱红军，何贤杰，陶林．中国的证券分析师能够提高资本市场的效率吗——基于股价同步性和股价信息含量的经验证据［J］. 金融研究，2007（2）：110-121.

［57］朱红军，何贤杰，陶林．信息源、信息搜寻与市场吸收效率——基于证券分析师盈利预测修正的经验证据［J］. 财经研究，2008（5）：63-74.

［58］Acemoglu，D.，Carvalho，V. M.，Ozdaglar，A.，Tahbaz-Salehi，A. The network origins of aggregate fluctuations［J］. Econometrica，2012，80（5）：1977-2016.

［59］Alford，A. W.，Berger，P. G. A simultaneous equations analysis of forecast accuracy，analyst following，and trading volume［J］. Journal of Accounting，Auditing Finance，1999，14（3）：219-240.

［60］Ali，U.，Hirshleifer，D. Shared analyst coverage：Unifying momentum spillover effects［J］. Journal of Financial Economics，2020，136（3）：649-675.

［61］Altinkilic，O.，Balashov，V.，Hansen，R. Are Analysts' forecasts informative to the general public？［J］. Management Science，2013，59：2550-2565.

［62］Altınkılıç，O.，Hansen，R. S. On the information role of stock recommendation revisions［J］. Journal of Accounting and Economics，2009，48（1）：17-36.

［63］Altınkılıç，O.，Hansen，R. S.，Ye，L. Can analysts pick stocks for the long-run？［J］. Journal of Financial Economics，2016，119（2）：371-398.

［64］Andrade，S. C.，Bian，J.，Burch，T. R. Analyst coverage，information，and bubbles［J］. Journal of Financial and Quantitative Analysis，2013，48（5）：

1573-1605.

[65] AntóN, M., Polk, C. Connected stocks [J]. Journal of Finance, 2014, 69 (3): 1099-1127.

[66] Arya, A., Mittendorf, B. The interaction among disclosure, competition between firms, and analyst following [J]. Journal of Accounting and Economics, 2007, 43 (2): 321-339.

[67] Asquith, P., Mikhail, M. B., Au, A. S. Information content of equity analyst reports [J]. Journal of Financial Economics, 2005, 75 (2): 245-282.

[68] Badrinath, S. G., Kale, J. R., Noe, T. H. Of Shepherds, sheep, and the cross-autocorrelations in equity returns [J]. Review of Financial Studies, 1995, 8 (2): 401-430.

[69] Baker, M., Stein, J. C. Market liquidity as a sentiment indicator [J]. Journal of Financial Markets, 2004, 7 (3): 271-299.

[70] Barber, B., Lehavy, R., McNichols, M., Trueman, B. Can investors profit from the prophets? Security analyst recommendations and stock returns [J]. Journal of Finance, 2001, 56 (2): 531-563.

[71] Barber, B. M., Lehavy, R., Trueman, B. Comparing the stock recommendation performance of investment banks and independent research firms [J]. Journal of Financial Economics, 2007, 85 (2): 490-517.

[72] Barber, B. M., Lyon, J. D. Detecting long-run abnormal stock returns: The empirical power and specification of test statistics [J]. Journal of Financial Economics, 1997, 43 (3): 341-372.

[73] Barberis, N., Shleifer, A., Wurgler, J. Comovement [J]. *Journal of Financial Economics*, 2005, 75 (2): 283-317.

[74] Barth, M. E., Kasznik, R., McNichols, M. F. Analyst coverage and intangible assets [J]. Journal of Accounting Research, 2001, 39 (1): 1-34.

[75] Berk, J. B., Green, R. C., Naik, V. Optimal investment, growth options, and security returns [J]. Journal of Finance, 1999, 54 (5): 1553-1607.

[76] Bernard, V. L., Thomas, J. K. Post-earnings-announcement drift: De-

layed price response or risk premium? [J]. Journal of Accounting Research, 1989: 27+1-36.

[77] Beyer, A., Cohen, D. A., Lys, T. Z., Walther, B. R. The financial reporting environment: Review of the recent literature [J]. Journal of Accounting and Economics, 2010, 50 (2): 296-343.

[78] Bhojraj, S., Lee, C. M. C. Who is my peer? A valuation-based Approach to the selection of comparable firms [J]. Journal of Accounting Research, 2002, 40 (2): 407-439.

[79] Bhojraj, S., Lee, C. M. C., Oler, D. K. What's my line? A comparison of industry classification schemes for capital market research [J]. Journal of Accounting Research, 2003, 41 (5): 745-774.

[80] Bhushan, R. Firm characteristics and analyst following [J]. Journal of Accounting and Economics, 1989, 11 (2): 255-274.

[81] Bloom, N., Schankerman, M., Van Reenen, J. Identifying technology spillovers and product market rivalry [J]. Econometrica, 2013, 81 (4): 1347-1393.

[82] Boni, L., Womack, K. L. Analysts, industries, and price momentum [J]. Journal of Financial and Quantitative Analysis, 2006, 41 (1): 85-109.

[83] Bonner, S. E., Hugon, A., Walther, B. R. Investor reaction to celebrity analysts: The case of earnings forecast revisions [J]. Journal of Accounting Research, 2007, 45 (3): 481-513.

[84] Box, T. Qualitative similarity and stock price comovement [J]. Journal of Banking Finance, 2018, 91: 49-69.

[85] Boyer, B. H. Style-related comovement: Fundamentals or labels? [J]. Journal of Finance, 2011, 66 (1): 307-332.

[86] Bradley, D., Clarke, J., Lee, S., Ornthanalai, C. Are analysts' recommendations informative? Intraday evidence on the impact of time stamp delays [J]. Journal of Finance, 2014, 69 (2): 645-673.

[87] Brav, A., Lehavy, R. An empirical analysis of analysts' target prices: Short-term informativeness and long-term dynamics [J]. Journal of Finance, 2003,

58 (5): 1933-1967.

[88] Brennan, M. J., Hughes, P. J. Stock prices and the supply of information [J]. Journal of Finance, 1991, 46 (5): 1665-1691.

[89] Brennan, M. J., Jegadeesh, N., Swaminathan, B. Investment analysis and the adjustment of stock prices to common information [J]. Review of Financial Studies, 1993, 6 (4): 799-824.

[90] Brown, L. D., Call, A. C., Clement, M. B., Sharp, N. Y. Inside the "Black Box" of sell-side financial analysts [J]. Journal of Accounting Research, 2015, 53 (1): 1-47.

[91] Bushman, R. M., Piotroski, J. D., Smith, A. J. What determines corporate transparency? [J]. Journal of Accounting Research, 2004, 42 (2): 207-252.

[92] Cao, J., Chordia, T., Lin, C. Alliances and return predictability [J]. Journal of Financial and Quantitative Analysis, 2016, 51 (5): 1689-1717.

[93] Carpenter, J. N., Whitelaw, R. F. The Development of China's stock market and stakes for the global economy [J]. Annual Review of Financial Economics, 2017, 9 (1): 233-257.

[94] Chan, K., Hameed, A. Stock price synchronicity and analyst coverage in emerging markets [J]. Journal of Financial Economics, 2006, 80 (1): 115-147.

[95] Chan, L., Lakonishok, J., Swaminathan, B. Industry classifications and return comovement [J]. Financial Analysts Journal, 2007: 63.

[96] Chan, L. K. C., Jegadeesh, N., Lakonishok, J. Momentum strategies [J]. Journal of Finance, 1996, 51 (5): 1681-1713.

[97] Chen, G., Kim, K. A., Nofsinger, J. R., Rui, O. M. Trading performance, disposition effect, overconfidence, representativeness bias, and experience of emerging market investors [J]. Journal of Behavioral Decision Making, 2007, 20 (4): 425-451.

[98] Chen, H., Chen, S., Chen, Z., Li, F. Empirical investigation of an equity pairs trading strategy [J]. Management Science, 2017, 65 (1): 370-389.

[99] Chen, Q., Francis, J., Schipper, K. The applicability of the fraud on the

market presumption to analysts' forecasts [D]. Working Paper, Duke University, 2005.

[100] Chen, X., Kim, K. A., Yao, T., Yu, T. On the predictability of Chinese stock returns [J]. Pacific-Basin Finance Journal, 2010, 18 (4): 403-425.

[101] Chordia, T., Swaminathan, B. Trading volume and cross-autocorrelations in stock returns [J]. Journal of Finance, 2000, 55 (2): 913-935.

[102] Clement, M. B. Analyst forecast accuracy: Do ability, resources, and portfolio complexity matter? [J]. Journal of Accounting and Economics, 1999, 27 (3): 285-303.

[103] Clement, M. B., Tse, S. Y. Financial analyst characteristics and herding behavior in forecasting [J]. Journal of Finance, 2005, 60 (1): 307-341.

[104] Cohen, L., Frazzini, A. Economic links and predictable returns [J]. Journal of Finance, 2008, 63 (4): 1977-2011.

[105] Cohen, L., Frazzini, A., Malloy, C. Sell-side school ties [J]. Journal of Finance, 2010, 65 (4): 1409-1437.

[106] Cohen, L., Lou, D. Complicated firms [J]. Journal of Financial Economics, 2012, 104 (2): 383-400.

[107] Cooper, R. A., Day, T. E., Lewis, C. M. Following the leader: A study of individual analysts' earnings forecasts [J]. Journal of Financial Economics, 2001, 61 (3): 383-416.

[108] Crawford, S. S., Roulstone, D. T., So, E. C. Analyst initiations of coverage and stock return synchronicity [J]. Accounting Review, 2012, 87 (5): 1527-1553.

[109] Daniel, K., Grinblatt, M., Titman, S., Wermers, R. Measuring mutual fund performance with characteristic-based benchmarks [J]. Journal of Finance, 1997, 52 (3): 1035-1058.

[110] Das, S., Guo, R. J., Zhang, H. Analysts' selective coverage and subsequent performance of newly public firms [J]. Journal of Finance, 2006, 61 (3): 1159-1185.

[111] Durnev, A. R. T., Mangen, C. Corporate investments: Learning from re-

statements [J]. Journal of Accounting Research, 2009, 47 (3): 679-720.

[112] Drake, M. S., Jennings, J., Roulstone, D. T., Thornock, J. R. The comovement of investor attention [J]. Management Science, 2016, 63 (9): 2847-2867.

[113] Elton, E. J., Gruber, M. J., Grossman, S. Discrete expectational data and portfolio performance [J]. Journal of Finance, 1986, 41 (3): 699-713.

[114] Engelberg, J., McLean, R. D., Pontiff, J. Anomalies and news [J]. Journal of Finance, 2018, 73 (5): 1971-2001.

[115] Ertimur, Y., Sunder, J., Sunder, S. V. Measure for measure: The relation between forecast accuracy and recommendation profitability of analysts [J]. Journal of Accounting Research, 2007, 45 (3): 567-606.

[116] Fama, E. F., French, K. R. Common risk factors in the returns on stocks and bonds [J]. Journal of Financial Economics, 1993, 33 (1): 3-56.

[117] Fama, E. F., French, K. R. Industry costs of equity [J]. Journal of Financial Economics, 1997, 43 (2): 153-193.

[118] Fan, P. -H., Lang, H. The Measurement of relatedness: An application to corporate diversification [J]. The Journal of Business, 2000, 73: 629-660.

[119] Fernando, C. S., Gatchev, V. A., Spindt, P. A. Institutional ownership, analyst following, and share prices [J]. Journal of Banking Finance, 2012, 36 (8): 2175-2189.

[120] Foster, F. D., Viswanathan, S. The effect of public information and competition on trading volume and price volatility [J]. Review of Financial Studies, 1993, 6 (1): 23-56.

[121] Foster, G. Intra-industry information transfers associated with earnings releases [J]. Journal of Accounting and Economics, 1981, 3 (3): 201-232.

[122] Francis, J., Douglas Hanna, J., Philbrick, D. R. Management communications with securities analysts [J]. Journal of Accounting and Economics, 1997, 24 (3): 363-394.

[123] Frankel, R., Kothari, S. P., Weber, J. Determinants of the informa-

tiveness of analyst research [J]. Journal of Accounting and Economics, 2006, 41 (1): 29-54.

[124] Gilson, S. C., Healy, P. M., Noe, C. F., Palepu, K. G. Analyst specialization and conglomerate stock breakups [J]. Journal of Accounting Research, 2001, 39 (3): 565-582.

[125] Givoly, D., Lakonishok, J. The information content of financial analysts' forecasts of earnings: Some evidence on semi-strong inefficiency [J]. Journal of Accounting and Economics, 1979, 1 (3): 165-185.

[126] Gleason, C., Jenkins, N., Johnson, W. The contagion effects of accounting restatement [J]. Accounting Review, 2007, 83: 21-78.

[127] Gong, G., Li, L. Y., Shin, J. Y. Relative performance evaluation and related peer groups in executive compensation contracts [J]. Accounting Review, 2011, 86 (3): 1007-1043.

[128] Green, T. C., Hwang, B. H. Price-based return comovement [J]. Journal of Financial Economics, 2009, 93 (1): 37-50.

[129] Greenwood, R. Excess comovement of stock returns: Evidence from cross-sectional variation in Nikkei 225 Weights [J]. Review of Financial Studies, 2008, 21 (3): 1153-1186.

[130] Griliches, Z. The search for R&D spillovers [J]. The Scandinavian Journal of Economics, 1992, 94: S29-S47.

[131] Gu, Z., Li, Z., Yang, Y. Monitors or predators: The influence of institutional investors on sell-side analysts [J]. Accounting Review, 2012, 88: 11-24.

[132] Guan, Y., Wong, M. H. F., Zhang, Y. Analyst following along the supply chain [J]. Review of Accounting Studies, 2015, 20 (1): 210-241.

[133] Guenther, D. A., Rosman, A. J. Differences between COMPUSTAT and CRSP SIC codes and related effects on research [J]. Journal of Accounting and Economics, 1994, 18 (1): 115-128.

[134] Guo, L., Li, F. W., John Wei, K. C. Security analysts and capital market anomalies [J]. Journal of Financial Economics, 2020, 137 (1): 204-230.

[135] Hameed, A., Morck, R., Shen, J., Yeung, B. Information, analysts, and stock return comovement [J]. Review of Financial Studies, 2015, 28 (11): 3153-3187.

[136] Harford, J., Jiang, F., Wang, R., Xie, F. Analyst career concerns, effort allocation, and firms' information environment [J]. Review of Financial Studies, 2019, 32 (6): 2179-2224.

[137] Hayes, R. M. The impact of trading commission incentives on analysts' stock coverage decisions and earnings forecasts [J]. Journal of Accounting Research, 1998, 36 (2): 299-320.

[138] Healy, P. M., Hutton, A. P., Palepu, K. G. Stock performance and intermediation changes surrounding sustained increases in disclosure [J]. Contemporary Accounting Research, 1999, 16 (3): 485-520.

[139] Hertzel, M. G., Li, Z., Officer, M. S., Rodgers, K. J. Inter-firm linkages and the wealth effects of financial distress along the supply chain. [J]. *Journal of Financial Economics*, 2008, 87 (2): 374-387.

[140] Hilary, G., Shen, R. The role of analysts in intra-industry information transfer [J]. Accounting Review, 2013, 88 (4): 1265-1287.

[141] Hirshleifer, D., Hsu, P. H., Li, D. Innovative efficiency and stock returns [J]. Journal of Financial Economics, 2013, 107 (3): 632-654.

[142] Hoberg, G., Phillips, G. Product market synergies and competition in mergers and acquisitions: A text-based analysis [J]. Review of Financial Studies, 2010, 23 (10): 3773-3811.

[143] Hoberg, G., Phillips, G. Text-based network industries and endogenous product differentiation [J]. Journal of Political Economy, 2016, 124 (5): 1423-1465.

[144] Hoberg, G., Phillips, G. M. Text-Based industry momentum [J]. Journal of Financial and Quantitative Analysis, 2018, 53 (6): 2355-2388.

[145] Holden, C. W., Subrahmanyam, A. Long-lived private information and imperfect competition [J]. Journal of Finance, 1992, 47 (1): 247-270.

[146] Hong, H., Kubik, J. Analyzing the analyst: Career concerns and biased earnings forecast [J]. Journal of Finance, 2003, 58: 313-351.

[147] Hong, H., Lim, T., Stein, J. C. Bad news travels slowly: Size, analyst coverage, and the profitability of momentum strategies [J]. Journal of Finance, 2000, 55 (1): 265-295.

[148] Hong, H., Stein, J. C. A unified theory of underreaction, momentum trading, and overreaction in asset markets [J]. Journal of Finance, 1999, 54 (6): 2143-2184.

[149] Hou, K. Industry information diffusion and the lead-lag effect in stock returns [J]. Review of Financial Studies, 2007, 20 (4): 1113-1138.

[150] Howe, J. S., Unlu, E., Yan, X. The predictive content of aggregate analyst recommendations [J]. Journal of Accounting Research, 2009, 47 (3): 799-821.

[151] Hsu, J., Viswanathan, V., Wang, M., Wool, P. Anomalies in Chinese A-shares [J]. Journal of Portfolio Management, 2018, 44: 108-123.

[152] Huang, A. H., Zang, A. Y., Zheng, R. Evidence on the information content of text in analyst reports [J]. Accounting Review, 2014, 89 (6): 2151-2180.

[153] Irvine, P. Analysts' forecasts and brokerage-firm trading [J]. Accounting Review, 2003 (79): 1-25.

[154] Irvine, P., Lipson, M., Puckett, A. Tipping [J]. Review of Financial Studies, 2007, 20 (3): 741-768.

[155] Israelsen, R. D. Does common analyst coverage explain excess comovement? [J]. Journal of Financial and Quantitative Analysis, 2016, 51 (4): 1193-1229.

[156] Ivković, Z., Jegadeesh, N. The timing and value of forecast and recommendation revisions [J]. Journal of Financial Economics, 2004, 73 (3): 433-463.

[157] Jackson, A. R. Trade generation, reputation, and sell-side analysts [J]. Journal of Finance, 2005, 60 (2): 673-717.

[158] Jaffe, A. Technological opportunity and spillovers of R&D: Evidence from firms' patents, profits and market value [J]. American Economic Review, 1986, 76: 984-1001.

[159] Jegadeesh, N., Kim, J., Krische, S. D., Lee, C. M. C. Analyzing the analysts: When do recommendations add value? [J]. Journal of Finance, 2004, 59 (3): 1083-1124.

[160] Jegadeesh, N., Titman, S. Returns to buying winners and selling losers: Implications for stock market efficiency [J]. Journal of Finance, 1993, 48 (1): 65-91.

[161] Jennings, J., Lee, J., Matsumoto, D. The effect of industry co-location on analysts' information acquisition costs [J]. Accounting Review, 2017, 92: 15-91.

[162] Jenter, D., Kanaan, F. CEO turnover and relative performance evaluation [J]. Journal of Finance, 2015, 70 (5): 2155-2184.

[163] Jin, L., Myers, S. C. R2 around the world: New theory and new tests [J]. Journal of Financial Economics, 2006, 79 (2): 257-292.

[164] Jung, M. J., Wong, M. H. F., Zhang, X. F. Analyst interest as an early indicator of firm fundamental changes and stock returns [J]. Accounting Review, 2014, 90 (3): 1049-1078.

[165] Kadan, O., Madureira, L., Wang, R., Zach, T. Analysts' industry expertise [J]. Journal of Accounting and Economics, 2012, 54 (2): 95-120.

[166] Kahle, K. M., Walkling, R. A. The impact of industry classifications on financial research [J]. Journal of Financial and Quantitative Analysis, 1996, 31 (3): 309-335.

[167] Kallberg, J., Pasquariello, P. Time-series and cross-sectional excess comovement in stock indexes [J]. Journal of Empirical Finance, 2008, 15 (3): 481-502.

[168] Kaustia, M., Rantala, V. Social learning and corporate peer effects [J]. Journal of Financial Economics, 2015, 117 (3): 653-669.

[169] Kaustia, M., Rantala, V. Common analysts: Method for defining peer

firms [J]. Journal of Financial and Quantitative Analysis, 2020, 5: 1-32.

[170] Kelly, B., Ljungqvist, A. Testing asymmetric-information asset pricing models [J]. Review of Financial Studies, 2012, 25 (5): 1366-1413.

[171] Bekkerman, R., Khimich, N. Technological similarity and stock re-turn cross-predictability: Evidence from patent big data [Z]. University of Haifa and Drexel University Unpublished Working Paper, 2017.

[172] Kini, O., Mian, S., Rebello, M., Venkateswaran, A. On the structure of analyst research portfolios and forecast accuracy [J]. Journal of Accounting Research, 2009, 47 (4): 867-909.

[173] Kogan, L. Asset prices and real investment [J]. Journal of Financial Economics, 2004, 73 (3): 411-431.

[174] Kogan, L., Papanikolaou, D., Seru, A., Stoffman, N. Technological innovation, resource allocation, and growth [J]. The Quarterly Journal of Economics, 2017, 132 (2): 665-712.

[175] Kolasinski, A. C., Kothari, S. P. Investment banking and analyst objectivity: Evidence from analysts affiliated with mergers and acquisitions advisors [J]. Journal of Financial and Quantitative Analysis, 2008, 43 (4): 817-842.

[176] Kumar, A., Lee, C. M. C. Retail investor sentiment and return comovements [J]. Journal of Finance, 2006, 61 (5): 2451-2486.

[177] Lang, M. H., Lundholm, R. J. Corporate disclosure policy and analyst behavior [J]. Accounting Review, 1996, 71 (4): 467-492.

[178] Lee, C. M. C., Ma, P., Wang, C. C. Y. Search-based peer firms: Aggregating investor perceptions through internet co-searches [J]. Journal of Financial Economics, 2015, 116 (2): 410-431.

[179] Lee, C. M. C., Ma, P., Wang, C. C. Y. The search for peer firms: When do crowds provide wisdom? [D]. Havard University Unpublished Working Paper, 2016.

[180] Lee, C. M. C., So, E. C. Uncovering expected returns: Information in analyst coverage proxies [J]. Journal of Financial Economics, 2017, 124 (2): 331-

348.

[181] Lee, C. M. C., Sun, S. T., Wang, R., Zhang, R. Technological links and predictable returns [J]. Journal of Financial Economics, 2019, 132 (3): 76-96.

[182] Leung, A., Agarwal, A., Konana, P., Kumar, A. Network analysis of search dynamics: The case of stock habitats [J]. Management Science, 2016: 63.

[183] Li, C., Li, R., Diao, X., Wu, C. Market segmentation and supply-chain predictability: Evidence from China [J]. Accounting Finance, 2020, 60 (2): 1531-1562.

[184] Li, E. X., Ramesh, K., Shen, M. I. N., Wu, J. S. Do analyst stock recommendations piggyback on recent corporate news? An analysis of regular-hour and after-hours revisions [J]. Journal of Accounting Research, 2015, 53 (4): 821-861.

[185] Li, K., Qiu, J., Wang, J. Technology conglomeration, strategic alliances, and corporate innovation [J]. Management Science, 2019b, 65 (11): 5065-5090.

[186] Lin, H. W. McNichols, M. F. Underwriting relationships, analysts' earnings forecasts and investment recommendations [J]. Journal of Accounting and Economics, 1998, 25 (1): 101-127.

[187] Liu, J., Stambaugh, R. F., Yuan, Y. Size and value in China [J]. Journal of Financial Economics, 2019, 134 (1): 48-69.

[188] Liu, M. H. Analysts' incentives to produce industry-level versus firm-specific information [J]. The Journal of Financial and Quantitative Analysis, 2011, 46 (3): 757-784.

[189] Ljungqvist, A., Marston, F., Wilhelm Jr, W. J. Competing for securities underwriting mandates: Banking relationships and analyst recommendations [J]. Journal of Finance, 2006, 61 (1): 301-340.

[190] Lo, A. W., MacKinlay, A. C. When are contrarian profits due to stock market overreaction? [J]. Review of Financial Studies, 1990, 3 (2): 175-205.

[191] Loh, R. K., Stulz, R. M. When are analyst recommendation changes influential? [J]. Review of Financial Studies, 2011, 24 (2): 593-627.

[192] Luo, S., Nagarajan, N. Information complementarities and supply chain analysts [J]. Accounting Review, 2015: 20-38.

[193] Lys, T., Sohn, S. The association between revisions of financial analysts' earnings forecasts and security-price changes [J]. Journal of Accounting and Economics, 1990, 13 (4): 341-363.

[194] McNichols, M., O'Brien, P. C. Self-selection and analyst coverage [J]. Journal of Accounting Research, 1997 (35): 167-199.

[195] Mech, T. S. Portfolio return autocorrelation [J]. Journal of Financial Economics, 1993, 34 (3): 307-344.

[196] Menzly, L., Ozbas, O. Market segmentation and cross-predictability of returns [J]. Journal of Finance, 2010, 65 (4): 1555-1580.

[197] Merkley, K., Michaely, R., Pacelli, J. Does the scope of the sell-side analyst industry matter? An examination of bias, accuracy, and information content of analyst reports [J]. Journal of Finance, 2017, 72 (3): 1285-1334.

[198] Michaely, R., Womack, K. L. Conflict of interest and the credibility of underwriter analyst recommendations [J]. Review of Financial Studies, 1999, 12 (4): 653-686.

[199] Mola, S., Rau, P., Khorana, A. Is there life after the complete loss of analyst coverage? [J]. Accounting Review, 2012 (88): 11-25.

[200] Morck, R., Yeung, B., Yu, W. The information content of stock markets: Why do emerging markets have synchronous stock price movements? [J]. Journal of Financial Economics, 2000, 58 (1): 215-260.

[201] Moshirian, F., Ng, D., Wu, E. The value of stock analysts' recommendations: Evidence from emerging markets [J]. International Review of Financial Analysis, 2009, 18 (1): 74-83.

[202] Moskowitz, T. J., Grinblatt, M. Do industries explain momentum? [J]. Journal of Finance, 1999, 54 (4): 1249-1290.

[203] Muslu, V., Rebello, M., Xu, Y. Sell-side analyst research and stock comovement [J]. Journal of Accounting Research, 2014, 52 (4): 911-954.

[204] Newey, W., West, K. A simple, positive semi-definite, heteroscedasticity and autocorrelation consistent covariance matrix [J]. Econometrica, 1987, 55 (3): 703-708.

[205] O'Brien, P. C. Forecast accuracy of individual analysts in nine industries [J]. Journal of Accounting Research, 1990, 28 (2): 286-304.

[206] O'Brien, P. C., Bhushan, R. Analyst following and institutional ownership [J]. Journal of Accounting Research, 1990, 28: 55-76.

[207] O'Brien, P. C., Tan, H. Geographic proximity and analyst coverage decisions: Evidence from IPOs [J]. Journal of Accounting and Economics, 2015, 59 (1): 41-59.

[208] Olsen, C., Dietrich, J. R. Vertical information transfers: The association between retailers' sales announcements and suppliers' security returns [J]. Journal of Accounting Research, 1985, 23: 144-166.

[209] Park, C. W., Stice, E. K. Analyst forecasting ability and the stock price reaction to forecast revisions [J]. Review of Accounting Studies, 2000, 5 (3): 259-272.

[210] Parsons, C. A., Sabbatucci, R., Titman, S. Geographic lead - lag effects [J]. Review of Financial Studies, 2020, 33 (10): 4721-4770.

[211] Petzev, I. Information diffusion in analyst portfolios [D]. SSRN Working Paper. https: //ssrn. com/abstract=2872902, 2017.

[212] Piotroski, J. D., Barren, T. R. The influence of analysts, institutional investors, and insiders on the incorporation of market, industry, and firm-specific information into stock prices [J]. Accounting Review, 2004, 79 (4): 1119-1151.

[213] Piotroski, J. D., Roulstone, D. T. The influence of analysts, institutional investors, and insiders on the incorporation of market, industry, and firm-specific information into stock prices [J]. Accounting Review, 2004, 79 (4): 1119-1151.

[214] Pirinsky, C., Wang, Q. Institutional investors and the comovement of

equity prices [J]. SSRN Electronic Journal, 2004: 4-14.

[215] Pirinsky, C., Wang, Q. Does corporate headquarters location matter for stock returns? [J]. Journal of Finance, 2006, 61 (4): 1991-2015.

[216] Press, E., Krishnan, J. The North American industry classification system and its implications for accounting research [J]. Contemporary Accounting Research, 2003, 20: 10-14.

[217] Rajan, R., Servaes, H. Analyst following of initial public offerings [J]. Journal of Finance, 1997, 52 (2): 507-529.

[218] Ramnath, S. Investor and analyst reactions to earnings announcements of related firms: An empirical analysis [J]. Journal of Accounting Research, 2002, 40 (5): 1351-1376.

[219] Richardson, S., Teoh, S. H., Wysocki, P. D. The walk-down to beatable analyst forecasts: The role of equity issuance and insider trading incentives [J]. Contemporary Accounting Research, 2004, 21 (4): 885-924.

[220] Savor, P., Wilson, M. Earnings announcements and systematic risk [J]. Journal of Finance, 2016, 71 (1): 83-138.

[221] Scherbina, A., Schluschey, B. Economic linkages inferred from news stories and the predictability of stock returns [D]. Working Paper, 2015.

[222] Schutte, M., Unlu, E. Do security analysts reduce noise? [J]. Financial Analysts Journal, 2009, 65 (3): 40-54.

[223] Shiller, R. Do stock prices move too much to be justified by subsequent changes in dividends? [J]. American Economic Review, 1981, 71: 421-436.

[224] Shores, D. The association between interim information and security returns surrounding earnings announcements [J]. Journal of Accounting Research, 1990, 28 (1): 164-181.

[225] Sinha, P., Brown, L. D., Das, S. A re-examination of financial analysts' differential earnings forecast accuracy [J]. Contemporary Accounting Research, 1997, 14 (1): 1-42.

[226] Skinner, D. J. Options markets and the information content of accounting

earnings releases [J]. Journal of Accounting and Economics, 1990, 13 (3): 191-211.

[227] Sonney, F. Financial analysts' performance: Sector versus country specialization [J]. Review of Financial Studies, 2007, 22 (5): 2087-2131.

[228] Stickel, S. E. Reputation and performance among security analysts [J]. Journal of Finance, 1992, 47 (5): 1811-1836.

[229] Su, D. An empirical analysis of industry momentum in Chinese stock markets [J]. Emerging Markets Finance and Trade, 2011, 47 (4): 4-27.

[230] Twedt, B., Rees, L. Reading between the lines: An empirical examination of qualitative attributes of financial analysts' reports [J]. Journal of Accounting and Public Policy, 2012, 31 (1): 1-21.

[231] Veldkamp, L. L. Information markets and the comovement of asset prices [J]. The Review of Economic Studies, 2006, 73 (3): 823-845.

[232] Womack, K. L. Do brokerage analysts' recommendations have investment value? [J]. Journal of Finance, 1996, 51 (1): 137-167.

[233] Wurgler, J., Baker, M. Investor sentiment and the cross-section of stock returns [J]. Journal of Finance, 2006, 61: 1645-1680.

[234] Xu, N., Chan, K. C., Jiang, X., Yi, Z. Do star analysts know more firm-specific information? Evidence from China [J]. Journal of Banking Finance, 2013, 37 (1): 89-102.

[235] Yezegel, A. Why do analysts revise their stock recommendations after earnings announcements? [J]. Journal of Accounting and Economics, 2015, 59 (2): 163-181.